JN409845

비판적 사고와 토론

비판적 사고와 토론

펴낸날 1판 1쇄 2014년 9월 5일
1판 6쇄 2021년 2월 20일

지은이 정상봉 · 김성민 · 김태희 · 김은희 · 김은하 · 황혜진
펴낸이 전영재
기획총괄 유상우
편집 임경희
펴낸곳 **쿠북** (건국대학교출판부의 패밀리 브랜드입니다.)
등록 / 제 4-3 호(1971. 6. 21)
주소 / 05029, 서울특별시 광진구 능동로 120 건국대학교출판부
전화 / 편집팀_(02) 450-3891~3 영업팀_(02) 450-3893
팩스 / (02) 457-7202
홈페이지 / http://press.konkuk.ac.kr
e-mail / press@konkuk.ac.kr
찍은곳 네오프린텍(주)
정가 15,000원

ISBN 978-89-7107-581-4 03170

이 도서의 국립중앙도서관 출판예정도서목록(CIP)은 서지정보유통지원시스템 홈페이지(http://seoji.nl.go.kr)와 국가자료공동목록시스템(http://www.nl.go.kr/kolisnet)에서 이용하실 수 있습니다.(CIP제어번호: CIP2014025123)

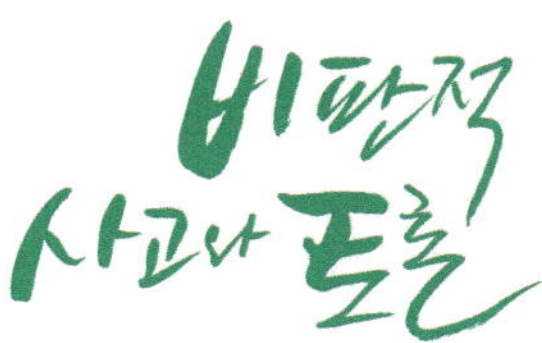

정상봉 · 김성민 · 김태희 · 김은희 · 김은하 · 황혜진 공저

쿠북

머리말

관습과 습관은 평소에 웬만한 일들을 빠르고 손쉽게 처리하게 해준다. 이러한 관습과 습관이 없다면 우리는 매일 부딪히는 헤아릴 수 없이 많은 판단과 선택의 순간마다 매번 처음부터 다시 고민해야 할 터이니, 이는 우리 인생의 무거운 짐을 조금이나마 덜어주는 아주 기특한 도구가 아닐 수 없다.

하지만 때로는 관습과 습관만으로 도무지 문제가 해결되지 않는 순간이 오곤 함을 우리는 익히 알고 있다. 크고 작은 위기의 순간이 오면, 우리는 다소 혼란을 느끼며 기존의 관습과 습관이라는 저 판단과 선택의 근거가 왜 제대로 작동하지 않는지, 그것이 혹시 그릇된 것은 아닌지 고개를 갸웃거리고 묻기 마련이다.

그럴 때 우리는 복잡한 혼란과 의문을 거치면서 보다 나은 근거와 기준을 찾기 위해 온힘을 기울여 문제를 새롭게 생각해보게 된다. 비판적 사고란 바로 이렇게 기존의 방식으로는 풀기 어려운 문제를 해결하기 위해 더 나은 근거와 기준을 따져 물으며 곰곰이 생각하는 적극적 사고의 시도이다.

올바른 근거와 기준을 따져 묻고 그에 의거하여 사고하는 일은 생각보다 간단하지 않다. 어떤 때에는 혼자서 사고하고 판단하기가 쉽지 않을 뿐더러 위험하기까지 한 경우도 있다. 그 까닭은 대개 자신의 프레임에 갇혀 세상을 바라보는, 어쩔 수 없는 생각과 경험의 한계가 인간에게 있기 때문이다. 자칫 잘못하면 자신의 근거와 기준이 올바르다고 혼자만 믿고 그에 따라 행동하는 독단과 오류에 빠질 위험도 있다.

따라서 같은 사안에 대해서 우리는 다른 관점으로 바라보는 사람들과 허심탄회하게 의견을 나누고, 이를 통해 보다 나은 판단기준과 대안을 찾는 노력을 함께 기울일 필요가 있다. 이것이 바로 토론이다. 그러니 토론은 공동의 관심사 앞에 다양한 관점을 가진 사람들과 함께 비판적 사고를 가동하여 따져 묻고 대답하는 과정이다. 그럴 때 미래를 위해 좀 더 의미 있는 길도 찾을 수 있다.

이러한 비판적 사고와 토론을 통하여 우리는 개인적이거나 사회적인 문제 해결방안을 협력관계 속에서 모색할 수 있다. 더불어 사고의 힘을 키워 자기함양을 이루고 나아가 공공선 실현을 향해 같이 나아가는 공동체 정신을 기를 수 있다. 이 책은 대학교육을 받는 학생들이 그러한 비판적 사고의 힘을 기르고 생산적인 토론을 익히는 데 도움을 주고자 집필되었다.

책의 구성은 다음과 같다. 1부는 비판적 사고의 의미와 필요성을 밝히고, 이에 기초하여 논리적이고 비판적 사고의 방법과 이에 기초한 토론 방법을 설명하고 있다. 2부는 인류가 고민해 온, 인간을 둘러싼 여러 가지 근본 문제들(인간본성, 도덕, 경제, 과학, 문화에 관련한 논제들)을 제시하고 그 문제들을 비판적으로 사고해 왔던 사상가들의 논증을 소개한다.

2부 내용은 비판적 사고와 토론의 기술을 철학적 주제에 적용할 수 있도록 기획되었다. 우리는 사상가들의 논증에 비판적으로 접근하면서 우리가 맞닥뜨린 현대의 다양한 문제들을 해결하기 위한 새로운 논거를 찾는 연습을 할 것이다. 이 책에서 제시된 내용을 비판적으로 검토하면서 주체적으로 배우기를 시도하는 학생이라면, 누구라도 비판적으로 생각하고 생산적으로 토론하는 힘을 기를 수 있으리라 믿는다.

이 책은 집필진의 공동 노력으로 만들어졌다. 책을 만드는 일 자체가 '비판적 사고와 토론'의 실습 현장이었을 정도로 수많은 토론 과정이 있었다. 먼저 집필진으로 구성된 교수들이 교재 일부를 각각 담당하여 책임 집필하였고 때로는 원론 및 방법에 대한 의견 차이 때문에 한 치의 양보도 없이 열띤 논쟁을 벌이기도 하였다. 이러한 공동의 의견 조정 과정을 통하여 이 책은 수정되고 보완되었다.

올바른 교양교육을 고민하는 집필진의 모든 경험과 정성이 이 책에 녹아들어가 있다. 이 안에 담긴 이야기가, 생각과 말의 힘을 길러 세상을 깊이 있게 바라보고, 삶을 자유롭고 주체적으로 살아가기를 열망하는 학생들과, 이러한 학생들을 도와주길 간절히 바라는 교육자들에게 유익한 자원이 되기를 감히 희망한다.

건국대 상허교양대학『비판적 사고와 토론』집필진

차 례

2부 주요 토론 논제

1부
비판적 사고

에드가 드가(Edgar Degas)의 〈뒤랑티의 초상〉

1장 비판적 사고의 의미

1. 비판적 사고란 무엇인가

사람은 생각하는 존재다. 로댕의 <생각하는 사람>이라는 조각상을 마주하게 되면, 턱을 괴고 생각하는 모습이 꼭 자기 자신인 듯 보이기도 한다. 그런데 과연 무엇을 생각하며 또 어떻게 생각하는 것일까? 사실 사고의 대상과 방식은 여러 유형이 있을 수 있다. 그 가운데 '비판적 사고critical thinking'가 있다. 그렇다면 비판적 사고란 무엇인가?

비판적 사고는 특정한 문제 상황을 접했을 때, 타인과 일정 주제를 두고 의견을 나눌 때, 그리고 동서고금의 문헌 자료를 읽을 때에, 지금까지 당연하게 받아들였던 것들—그것이 사실 영역의 것이든 가치 영역의 것이든—에 관한 관점 혹은 믿음에 대하여 '그 근거는 무엇이며 그것은 과연 정당한가?', '정말 그러한가?', '달리 볼 수는 없을까?'를 묻는 데서 출발한다. 그리고 비판적 사고는 단순한 비판이나 부정의 선에서 머무는 것이 아니라, 자체의 논리적 정합성을 유지하면서 그 '무엇'에 대하여 새로운 시각에서 바라보고 나아가 그것이 개인의 삶과 공동체적 생활에서 갖는 의의를 되짚어 보는 것까지 포함한다. 따라서 비판적 사고는 과거에서 현재까지의 제반 자료를 분석 종합하고 다각적 시각에서 조명해 본 뒤 타당한 근거를 토대로 하여 일정한 사실과 믿음의 체계를 구성하는 작업이라고 할 수 있다. 이제 비판적 사고의 여러 가지 특징과 그 필요성에 대하여 알아보기로 하자.

1) 비판적 사고의 특징

(1) 분석적 사고analytic thinking와 종합적 사고synthetic thinking

분석적 사고와 종합적 사고는 나무와 숲의 예를 통하여 설명할 수 있다. 우리는 때로 "나무만 보고 숲을 못 보아서는 안 된다."거나 "숲만 보고 나무를 못 보아서는 안 된다."고 말한다. 이때 전자는 분석적인 것도 중요하지만 종합적인 것도 필요함을 말한 것이고, 후자는 종합적인 것도 중요하지만 분석적인 것도 필요함을 강조한 것이다. 여기서의 분석과 종합은 특정한 문제 상황과 그 속의 현안 문제에 관련된 것이지만, 그 활동은 분석적 사고와 종합적 사고를 바탕으로 한다. 따라서 특정한 문제 상황을 접했을 경우, 우리는 그 문제 상황과 관련된 요소들 하나하나를 세밀하게 분석해 보는 사고와 더불어 그 요소들이 어떻게 상호 연관성을 갖고 있으며 문제 요소들의 연관이 전체적으로 어떠한 문제 상황을 만들고 있는가를 고찰할 수 있어야 한다.

이러한 문제 상황에 관련된 요소들에 대한 분석과 그것들의 종합을 통하여 문제 해결의 길이 열릴 수 있다. 그리고 텍스트를 대할 때도 텍스트를 구성하는 내용 요소에 대한 면밀한 분석이 있어야 하고 또 그 내용 요소들이 전체적으로 어떤 줄거리를 구성하고 있으며 그 요지는 무엇인지 종합적으로 고찰할 수 있어야 한다. 뿐만 아니라 다른 사람들과 생각을 나누고 토론을 할 때도 상대방의 얘기를 경청하면서 그 안에 담긴 주장과 관점의 근거는 무엇이며 그 주장과 관점은 과연 타당한지를 분석하고, 주장의 요지와 상대의 관점을 종합적으로 정리할 수 있어야 한다.

이러한 분석과 종합의 과정을 밑받침하는 분석적 사고와 종합적 사고는 개인적 차원에서는 물론 사회적 차원에서도 합리적인 해결 방안을 찾고 나아가 그 지향 목표를 설정하는 데 꼭 필요하다고 하겠다.

(2) 논리적 사고logical thinking와 정합적 사고coherent thinking

하나하나의 생각을 형식적 혹은 비형식적 오류 없이 진행하는 것을 논리적 사고라고 할 수 있다. 이에 비하여 정합적 사고는 개별적 생각이 전체적인 사고 체계에 합치하는 것을 일컫는다.

① 논리적 사고

논리적 사고는 추리inference와 논증argument을 포함한다. 하나 이상의 참인 또는 참이라고 가정된 판단(전제)으로부터 다른 판단(결론)이 참이라는 것을 분명히 하는 사고 작용을 추리라고 한다. 추리는 연역적 추리deductive inference와 귀납적 추리inductive inference로 구별된다.

추리가 사고방식과 그 과정이라고 한다면, 그것을 언어(말이나 글)로써 표현해 낼 경우 논증이 된다. 모든 논증이 다 논리적인 것은 아니다. 전제로부터 결론이 비논리적으로 추론된 것을 오류fallacy라 한다. 오류에는 형식적 오류formal fallacy와 비형식적 오류informal fallacy가 있다. 전자는 연역적 추론 규칙을 어겼을 때 발생하는 오류이다. 후자는 연역추론 규칙과는 상관없이 언어나 자료 사용의 잘못, 또는 심리적 요인에 의해 범하게 되는 오류를 말한다. 이러한 논리적 오류를 범할 때 우리는 그것을 비논리적이라고 한다. 따라서 자신이 말을 할 때나 글을 쓸 때 형식적 오류나 비형식적 오류가 없어야 하고, 타인의 말을 듣거나 글을 읽을 때에도 오류가 없는지 유의해야 한다.

논리적 사고가 결여된다면 자신의 주장을 정당화하기 어려울 뿐만 아니라 기껏해야 목소리 높여 우격다짐하거나 난삽한 글쓰기를 하게 된다. 또한 특정한 문제 상황을 접했을 때 논리적 사고가 결여되면 관련 요소들의 선후 연관성을 파악하기도 어렵고 문제 해결의 길은 요원하게 된다. 텍스트 이해에 있어서도 전후 맥락을 놓치기 일쑤여서 전체적인 의미 파악을 제대로 할 수가 없다.

② 정합적 사고

어떤 사물이나 상황, 또는 텍스트를 바라보고 이해를 한다고 할 때 사고와 사고 사이에는 서로 톱니바퀴처럼 딱 맞는 정합성coherence이 있어야 한다. 물론 특정한 사물이나 상황, 또는 텍스트를 대할 때 한 가지 관점에서만 보거나 이해할 수 있는 것은 아니다. 많은 경우 다양한 관점이 있을 수 있다. 그때 각각의 관점과 이해의 시각이 얼마만큼 그럴듯한가는 그 근거가 충분한가, 또 그 관점과 이해의 시각을 구성하는 사고의 정합성이 얼마만큼 있느냐에 달려 있다. 말을 하거나 글을 쓸 때도 마찬가지다. 만약 사고의 정합성이 떨어진다면, 주장을 담아 길게 설명한 말이나 글이라도 단지 파편적 사고의 결합에 불과할 뿐, 어떤 체계적인 사고로서 구성된 것이 아니다.

개인적 사고의 정합성은 집단적 사고에도 적용된다. 근대의 물리학 이론은 기본적으로 뉴턴의 절대 시간과 공간 개념에 기초하였다. 적어도 아인슈타인의 상대성이론을 통해 시간과 공간이 상대적임을 밝혀내기 이전에는 뉴턴의 시공간 이론은 진리였다. 그리고 그 시공간 이론을 전제로 성립된 모든 과학이론도 참이라고 받아들여졌다. 그것은 이론상 자기정합성을 갖추었기 때문이었다. 그러나 아인슈타인의 등장으로 이러한 집단적 사고에 변화가 초래된다.

아인슈타인은 1915년 발표한 일반상대성이론을 통해 질량을 가진 물체에 의해 공간이 어떻게 휘어지는지를 정확히 묘사하였다. 그리고 중력의 힘이 약해질수록 시간은 빨리 간다고 하였다. 그는 또 특수상대성이론을 통하여 빠른 속도로 이동하는 물체에 있어서는 시간이 느려진다고 밝혔다. 그의 상대성이론에 의한 시간의 보정은 현재 위성위치확인시스템GPS에 적용되고 있다. 지표면에서 2만 킬로미터 위에서 지구 주위를 도는 위성의 세슘원자시계는 중력이 약함에 따라 지표면보다 하루에 45ms(밀리초, 1ms=1,000분의 1초) 더 빨라진다. 그러나 시속 1만 4,000킬로미터의 속도로 돌기 때문에 하루에 7ms 시간이 느려진다. 따라서 일반상대성이론과 특수상대성이론 두 가지를 다 고려한다면, 결국 위성의 시계는 하루에 지표면보다 38ms 정도 빨리 가게 된다. 즉 한 달에 약 1초 이상의 오차가 생긴다. 따라서 우리가 자동차로 내비게이션을 이용해 원하는 곳에 가기 위해서는 상대성이론에 따라 시간상의 보정이 필요하다. 이제 더 이상 절대 시공간이론은 과학적 진리가 아니며, 상대 시공간이론이 현실에 반영되고 응용된다. 현대의 과학기술은 시공간에 관한 새로운 이론체계에 합치하는 정합성을 확보할 때, 현대의 과학기술도 비로소 유효한 성과를 산출해 낼 수가 있다.

(3) 다각적 사고many-sided thinking와 반성적 사고reflective thinking

① 다각적 사고

다각적 사고는 고정된 하나의 관점에서만 어떤 것을 이해하는 방식을 버리고 다각적 관점에서 생각하는 것이다. 동서고금의 문화사적 전통을 살펴보자면, 지금까지 인간중심주의, 이성중심주의, 남성중심주의 등과 같이 '~중심주의~centrism'라는 하나의 표준을 설정하고 그에 입각하여 사고하고 이해하는 경우가 많았음을 확인할 수 있다. 그러나 그 근거는 무엇이며 과연 타당한가를 되묻다 보면 그 이외 여러 가지 다양한 시각들이 있음을 알게 된다.

『장자』에 나오는 다음의 우화는 인간중심주의에 대한 비판을 담고 있다.

> 옛날에 어떤 바닷새가 노나라 교외로 날아들었다. 노나라 임금은 그 새를 맞아 묘당 위에서 연회를 열어 구소(九韶 중국 고대 성왕인 순 임금의 음악)를 연주하고, 태뢰(太牢 : 소·양·돼지를 모두 쓴 요리)의 성찬을 베풀어 환대하였다. 그러나 그 바닷새는 도리어 눈이 어지럽고 마음이 슬퍼서 고기 한 점 먹지 못하고 물 한 모금 마시지 못한 채 사흘 만에 죽고 말았다. 이것은 자기를 기르는 방법으로 새를 기르는 것이지, 새를 기르는 방법으로 새를 기르는 것이 아니다.
>
> (『장자』)

사람의 관점에서 사물을 바라보는 것은 자기 삶의 방식으로 사물을 대하는 것이다. 장자는 이러한 인간중심주의적 관점을 버리고 개별 사물의 입장에서 생각해 볼 것을 주장하였다. 사실 세상에는 사람 이외에 수없이 많은 다른 존재들이 있음에도 불구하고 사람들은 자신의 뛰어난 지적 능력을 믿고 다른 존재들을 정복하고 이용해 왔다. 그 결과 자연환경을 파괴하거나 생태계를 오염시키는 지경에까지 이르고 말았다. 오늘날에는 이와 같은 환경오염과 생태파괴라는 문제 상황을 두고 그 해결 방안으로 환경보호와 생태보전을 외치게 되었다. 그러나 만약 우리가 이 세계 내의 모든 존재들이 하나의 연관구조 속에 놓여 있음을 인지한다면, 다시 말해 사람이 이 세계의 부분이자 그 자체임을 직시한다면, 환경오염이나 생태파괴는 세계를 파괴하는 것이며 동시에 그것은 스스로를 파괴하는 것임을 인지하게 될 것이다. 자기 자신의 존속을 기획하면서 스스로를 파괴하는 것은 자기모순이다. 이러한 진실을 깨닫기 위해서라도 기존의 인간중심주의를 벗어던지고 새롭게 자연환경과 생태계를 바라볼 수 있어야 한다.

서구중심주의, 자민족중심주의 또는 자문화중심주의 등과 같은 입장에 대해서도 기존의 시각과는 다른 입장이 있을 수 있다는 점을 염두에 둘 필요가 있다.

② 반성적 사고

반성적 사고는 사고에 대한 사고thinking of thinking이다. 어떤 텍스트를 읽을 때 일차적으로는 그 안에 들어 있는 사고의 내용 요소를 분석・종합하게 되지만, 우리는 거기에 머물지 않고 그것이 담고 있는 참된 가치와 의의가 무엇인지를 되물을 수 있어야 한다. 개인의 삶에 있어서 지행합일(知行合一: 이론과 실천의 일치)을 꾀하거나 공동체 생활에 있어서 정의와 같은 공동선public good의 실현을 추구하는 데에는 반성적 사고가 반드시 필요하다. 왜냐하면 사고한 바를 진리, 자유, 정의, 선과 같은 보편적 가치에 준해 다시 사고하는 반성을 통해 우리는 개인적・공동체적 삶을 더 잘 꾸려나갈 수 있는 지혜를 갖게 되기 때문이다.

반성적 사고는 소가 여물을 먹고 다섯 번의 되새김질을 통하여 그 영양분을 자신의 뼈와 살로 만드는 것과 같다. 바로 다양한 사고 안에 담긴 의미를 되새겨 봄으로써 우리는 그것의 진정한 가치와 의의를 개개인의 삶과 공동체적 생활에서 구현할 수 있게 될 것이다.

2) 비판적 사고의 필요성

비판적 사고는 문제 해결방안 모색, 자기함양, 공공선 실현을 위해 필요하다.

첫째, 비판적 사고는 실질적인 문제의 해답 또는 특정한 문제 상황의 해결 방안을 모색하는 데 도움을 준다. 실제로 우리가 살아가면서 맞닥뜨리게 되는 여러 가지 개인적이거나 사회적인 문제 혹은 문제 상황을 해결할 수 있는 방안을 찾는다는 것이 생각보다 어렵다. 그러나 비판적 사고를 통하여 그것이 안고 있는 핵심 문제는 무엇이며, 거기에 관련되어 있는 구체적인 요소들이 무엇인지를 분석하고 또 종합해 봄으로써 훨씬 명료하게 그 상황을 들여다 볼 수가 있고 그 해결방안도 모색할 수가 있다. 그리고 그것을 바라보는 시각도 하나의 고정된 관점에 얽매이지 않고 다양한 관점을 취해 봄으로써 보다 객관적인 해결 방안을 탐색할 수가 있다. 동시에 해결 방안을 도출하는 과정에서 과연 근거가 충분하고 논리적으로 타당한가, 또 그 내용은 보편적 가치에 부합하는가를 되묻는 반성reflection을 거침으로써 명실상부한 자기정합성self-coherence과 보편타당성을 확보할 수가 있다. 이러한 여러 사고의 유형은 바로 비판적 사고의 다양한 면면들이다. 이 점에서 우리는 비판적 사고가 특정 문제의 해답 또는 문제 상황의 해결책을 찾는 데 큰 도움을 준다고 하겠다.

둘째, 비판적 사고는 개인의 삶을 고양시키는 데 도움을 준다. 비판적 사고를 꾸준히 해나가면 개인의 사고능력이 증진될 뿐만 아니라 그 삶의 방향성을 올바로 설정하고 삶의 질도 고양시킬 수 있다. 문제와 문제 상황에 대한 분석과 종합, 논리적 연계성의 확보 그리고 관련된 주장의 근거에 대한 되물음 등을 포괄하는 비판적 사고는 바로 그 '무엇'에 대하여 정확하게 인지하고 합리적으로 판단하게끔 도와준다. 그리고 인지의 정확성과 판단의 합리성은 마침내 실천의 정당성을 수반한다. 이 점에서 비판적 사고는 개인의 삶에 있어서 지知와 행行의 합일, 이론과 실천의 일치를 이끌어 냄으로써 바람직한 인간상에 가까이 다가 설 수 있게 하는 자기함양의 중요한 방편이 되어준다.

셋째, 비판적 사고는 공동체 안에서 자유, 정의, 복지 등과 같은 공동선의 실현을 추구한다. 개인들이 모여 크고 작은 공동체를 구성하게 되는데, 때로는 특정한 문제나 문제 상황에 부딪히는 경우가 있다. 그때 당면한 문제나 문제 상황을 해결하기 위하여 서로 상의하고 토론을 한다. 함께 상의하고 토론을 하는 것은 공동체 성원 간에 생각의 나눔이라는 의사소통의 첫걸음이다. 같이 생각을 나누고 논의를 하는 자리에서는 우선 마주하는 상대에 대하여 존중의 자세가 필요하다. 그 다음 자신의 입장을 피력할 때에는 당면한 문제나 문제 상황에 관련한 제반 요소들을 분석하고 종합함으로써 자기주장의 충분한 근거를 확보하고, 나아가 그것을 논리적으로 표현하는 것이 필요하다. 그리고 다른 사람이 의견을 개진할 때에는 귀 기울여 듣는 경청의 자세를 유지하면서 무엇을 주장하는가, 그 근거는 충분한가, 논리적 일관성을 유지하고 있는가를 유심히 살펴야 한다. 만약 서로 관점이 다르다면, 문제나 문제 상황에 대한 인식의 정확성과 논거의 타당성 그리고 주장의 논리성과 합리성을 견주어 본 뒤 보다 참된 해답 또는 해결방안을 찾을 수 있어야 한다. 이러한 과정은 단순히 개인과 개인이 머리를 맞대고 특정 답안을 찾는 것에서 그치는 것이 아니라, 바로 공동 사회 안에서 서로의 삶을 구성해 준다. 이것이 더불어 사는 공동체 생활을 꾸려 나가는 길이다. 개인이 모여 사회를 이루고 또 사회 속에서 개인의 존재 의의가 확보되기 때문에, 생각을 나누고 함께 토론을 하는 것은 궁극적으로 공동체 사회의 공동선을 실현하는 방향으로 나아가게 한다. 사회적 공동선의 추구와 그 실현에 있어서 비판적 사고는 매우 중요한 토대다.

이상의 세 가지 측면을 총괄해서 본다면, 비판적 사고는 개인적 차원이든 사회적 차원이든, 당면 문제에 대한 해답을 찾거나 특정 문제 상황을 해결함에 있어서 우리가 항상 갖추어야 하는 것이다. 다시 말해 비판적 사고는 개인의 차원에서 보자면 사고능력의 증진과 삶의 질적 고양을 수반하고, 사회적 차원에서는 공동선의 추구로 이어져 그 사회를 보다 합리적이고 인간적으로 일구는 데 반드시 필요한 것이라고 하겠다.

활/동/과/제

1. 비판적 사고를 잘 수행한 인물이나 예를 찾아보고, 왜 그런지 말해 보자.

2. 현재 한국 사회에서 비판적 사고가 부족한 공적 영역이 있다면 어느 곳인지 구체적인 사례를 들고, 비판적 사고의 중요성에 대해 3분 말하기를 해보자.

▶3분 말하기를 위한 준비

•비판적 사고가 부족한 영역:

•구체적인 문제 사례:

•비판적 사고로 문제를 해결할 수 있는 가능성:

•비판적 사고의 중요성:

2. 삶을 공유하는 토론

1) 토론의 기능과 목적

우리는 서로 다른 생각들을 가지고 산다. 백이면 백, 모든 사람들은 나름의 기호와 가치 그리고 감정을 가지고 있다. 공통적으로 소중히 여기는 가치나 좋아하는 것들이 있지만 극소수를 제외하고 대부분의 사람들은 저마다 다른 정서와 기호, 가치들을 가지고 산다. 우리가 함께 무언가를 추구하는 순간, 우리에게서 '생각의 충돌'은 피할 수 없다. '산이 좋아, 산으로 가자.', '아니야. 바다가 좋아, 바다로 가자.'와 같은 개인적인 선호의 차이에서 나오는 기호 충돌에서부터 '인간은 절대 폭력을 쓰면 안 돼.', '아니야, 불가피한 폭력도 있어.'라는 가치 판단의 충돌까지 '생각의 충돌'은 일상적으로 일어나는 일이다.

생각이 충돌할 때, 갈등을 해결하기 위한 여러 가지 행동들이 취해진다. 물리적인 힘을 사용하는 경우에서부터 협의를 통한 해결까지, 충돌은 이미 어떤 식으로든 해결을 향한 모색을 낳는다. 그러나 물리적인 힘의 사용은 강압적으로 타인의 의사를 묵살하거나 복종시킴으르써 겉으로 보기에 갈등을 해결한 것처럼 보임에도 불구하고 내적으로는 갈등을 은폐시키고 증폭시킨다. 은폐된 갈등은 문제의 진정한 해결이 아니라 오히려 문제를 잠재적인 대립과 폭발로 바꾸어 놓는다. 따라서 생각이 충돌할 때, 서로의 생각을 나누고 이를 조정해 가는 의사소통 과정이 가장 합리적이라고 할 수 있다.

그러나 토론이 문제 해결의 합리적 방식이라는 점에서만 의미 있는 것은 아니다. 오히려 토론은 보다 깊은 의미를 가지고 있다. 토론의 과정은 이제까지 전혀 다른 환경 속에서 살아온 사람들이 특정한 주제나 문제를 놓고 논의하는 것이다. 불가피하게 논의 과정 중에는 각 개인들이 가지고 있는 인생관과 세계관, 가치관 등이 교환되고 충돌한다. 따라서 토론은 단순한 말하기가 아니라 나의 삶과 너의 삶이 서로 소통하고 나누어지는 과정이다. 내가 너무나 자명하게 생각한 것들이 아닐 수도 있다고 생각하는 순간, 우리는 나와 다른 삶을 만나게 되며 나와 다른 존재의 가치들을 이해할 수 있게 된다. 그리고 그만큼 나는 더 풍부하게 세계와 인간들을 이해할 수 있게 된다.

우리는 내가 경험하거나 인식한 것을 자명하다고 믿는 경향이 있다. 그러나 우리가 경험하거나 인식할 수 있는 세계는 극히 제한적이다. 우리는 특정한 시대에, 특정한 사회에서, 특정한 것들을 경험하거나 인식하면서 살아간다. 그것은 곧 우리의 경험이나 인식이 매우 제한적이라는 것을 의미한다. 토론은 우리를 타인의 삶과 가치관 등에 개입하도록 만듦으로써 바로 이와 같은 경험이나 인식의 제한성을 뛰어 넘게 만든다. 우리는 이 과정에서 내가 경험하지 못했거나 인식하지 못한 것들을 접하고 판단을 내려야 한다. 내가 자명하게 여겼던 것들에 대해서도 회의해야만 한다. 따라서 나는 내 삶의 경험과 제한성을 벗어날 수밖에 없다. 토론은 이처럼 우리의 생각을 보다 넓고 깊은 곳으로 이끎으로써 우리의 삶을 풍요롭게 만든다.

또한, 토론은 우리가 찾고자 하는 참을 밝히는 데 함께하도록 만들며 진리를 추구하는 공동의 실천을 만들어낸다. 우리의 경험이나 인식의 제한성 때문에 우리는 참을 추구하는 데 어려움을 겪는다. 현대 학문의 눈부신 성과에도 불구하고 진리는 여전히 인류에게 실현된 현실이 아니라 이상적 목표치일 뿐이다. 동일한 주제들에 대한 다양한 해석들과 이론들의 충돌 그리고 다양한 방식들의 진리 추구 등 학문공동체조차 진리에 대한 단일한 합치점을 갖고 있는 것은 아니다. 하물며 '어떻게 사는 것이 행복한 것인가?', '어떤 삶이 가치 있는 것인가?', '어떤 선택이 올바른가?'와 같은 윤리적 선택들이야 다시 말할 필요도 없다.

그러나 인간은 이런 영역에서조차 항상 참을 추구한다. 인류는 유사 이래로 보편적인 잣대를 만들기 위해 노력해 왔다고 볼 수 있다. 토론은 바로 이와 같은 보편적 잣대를 찾아가는 인간의 오랜 역사적 투쟁이 발전시켜 온 방식 중에 하나이다. 물론 보편적 잣대라는 것이 다수의 합의를 의미하지는 않는다. 적어도 이와 같은 문제들에 대한 토론이 가지고 있는 장점은 합의를 만들어내는 데 있지 않다. 그것은 우리의 생각을 명료히 하고 미처 생각하지 못했거나 자명하다고 믿었던 믿음들을 다시 재검토하도록 하며 사물을 여러 각도에서 다양하게 보는 시야를 연다는 점에서 진리를 찾는 데 중요한 역할을 한다.

토론은 각기 다른 인생관과 세계관, 가치관 등이 충돌하는 삶 속에서 타인과 더불어 사는 삶을 이룩하기 위한 실천적인 모색이다. 우리는 함께 살면서 공동으로 우리에게 주어지는 과제들을 해결해야 하며 상호간의 이해관계를 조정하고 갈등을 해소해야 한다. 토론의 목적은 바로 이와 같이 더불어 사는 삶을 합리적으로 만들어가기 위한 것에 있다. 그러므로 토론은 진리에 대한 공동의 이해와 관심을 추구하도록 함으로써, 자기 안에 갇혀 있는 삶이 아니라 타인의 삶에 대해 개방되어 있는 삶을 살도록 함으로써, 그리고 이해관계나 가치관의 충돌을 합리적으로 해결하도록 이끌어 감으로써 궁극적으로 내 삶을 살찌우고 우리의 삶을 풍요롭게 만든다.

2) 올바른 토론을 위한 필요조건

(1) 토론은 게임이 아니다

우리가 토론을 한다고 반드시 합리적인 결말을 낳거나 우리 삶을 풍요롭게 하는 목적을 달성할 수 있는 것은 아니다. 토론이 투명한 절차와 민주적인 자세 그리고 개방적 태도를 결여하고 있을 경우, 토론은 오히려 더 큰 충돌과 갈등을 야기하기도 한다. 이런 충돌을 야기하는 대표적인 사례는 토론을 게임처럼 여기는 경우이다. 이런 사람들은 토론을 이기기 위해서 한다. 이들에게 토론의 목적은 마치 상대의 주장을 거꾸러뜨리는 데 있는 것처럼 보인다. 상대가 무엇을 이야기하는지와 상관없이 자기 말만을 되풀이하거나 오로지 꼬투리를 잡아 물고 늘어지기 위해서 경청한다. 그러다가 성질 급한 사람들은 목소리를 높이고 급기야는 험한 꼴을 보는 식으로 토론을 끝내곤 한다. 그러나 토론은 게임이 아니다. 게임에는 승자와 패자가 있다. 그러나 토론에는 승자도 패자도 없다.

일반적으로 사람들은 자신의 의견이 거부당하는 경우, 그 의견을 제시한 자신이 거부당했다는 느낌을 받는다. 그러나 의견이 거부당했다고 그 사람 자신이 거부되고 있는 것은 아니다. 또한 자신의 생각에 대해 누군가가 반대 의사를 표시했다고 하더라도 반드시 자신의 주장에 대해 반대하고 있는 것은 아니다. 종종 입장이 같음에도 불구하고 지엽적인 문제들을 가지고 싸우는 경우가 있다. 특정 의사에 반대 의사를 표시했을 경우, 종종 그것은 주장 자체가 아니라 그 주장의 근거가 불충분하거나 틀렸기 때문인 경우도 있다. 그런데도 토론을 게임처럼 여기는 사람들은 이것을 구분하지 않는다. 이들에게 토론의 목적은 오직 승자와 패자를 가르는 게임에서의 승리이다. 이럴 경우, 이미 토론은 합리적인 방향을 상실한다.

텔레비전 토론 프로그램의 한 장면

토론은 이기기 위해서 하는 것이 아니다. 이것은 토론의 애초 목적을 상실한 토론이다. 우리가 토론을 하는 것은 나 혼자 살아가는 세상이 아니기 때문이다. 따라서 토론이 애초의 방향성을 상실하지 않도록 토론 참가자들은 경계해야 한다. 토론 참가자들이 잘못된 태도나 자세를 취할 경우 토론은 합리적인 소통을 불가능하게 하고 오히려 분란을 더욱 증폭시키기는 결과만을 낳는다. 그것은 토론의 규칙이나 절차가 공정하지 못하거나 토론자들 사이의 의사소통에 대한 자세가 적절하지 못할 때 발생한다. 따라서 합리적 토론을 위해서는 토론자가 토론의 애초 목적에 따른 적절한 마음가짐을 가지고 있어야 한다.

(2) 토론은 '다름'을 전제한다

토론은 대화의 일종이다. 대화가 이루어지기 위해서는 우선 동일한 언어를 공유해야 한다. 내가 영어를 모르면서 영국인과 대화를 할 수는 없다. 그것은 상대방이 이야기하는 말의 뜻을 이해하지 못하기 때문이다. 하지만 영어로 대화를 하더라도 의사를 전달하는 데 실패할 수 있다. 이것은 언어가 단순히 개념들이 아니라 특정한 사회의 양식들, 가치들을 함축하고 있기 때문이다. 물론 동일한 사회·역사적 환경을 공유한 집단 내에서의 대화는 이보다 훨씬 수월하다. 하지만 종종 동일한 모국어를 가진 사람들 사이에서도 의사소통에 실패하는 경우가 있다. 이것은 각 개인들의 성장환경이나 경험에 따른 가치관이나 정서가 다르기 때문이다. 따라서 대화가 이루어지기 위해서는 이런 환경이나 경험에 따른 차이를 관용적으로 인정할 필요가 있다.

우리가 대화를 하는 것은 서로 다르기 때문이다. 만일 우리가 동일한 가치와 정서, 감정을 가지고 있다면 그것은 대화가 아니라 마치 거울을 보고 이야기하는 것과 같은 독백일 뿐이다. '다름'이 없다면 대화는 없다. 대화를 한다는 것은 우리의 다름을 전제하는 것이다. 그러므로 이 다름으로부터 발생하는 차이와 긴장을 최대한 관용적으로 수용하려는 태도가 필요하다. 그럴 때에만 우리는 나와 다른 타인의 말을 최대한 정확하게 이해할 수 있다. 대화를 하기 위해서는 '공동의 언어 규칙을 공유해야 한다.'는 전제 이외에도 다름을 인정하고 그 다름 안에서 타인의 말을 이해하는 관용과 인내의 정신이 필요하다.

이런 관용과 인내의 정신이 토론에 임하는 적극적인 태도와 주장의 명료함을 해치는 것은 아니다. 오히려 타인의 이야기를 관용과 인내의 정신으로 들을 때, 자신의 주장은 더욱 명료해지며 토론은 더욱 활기찰 수 있다. 그것은 상반되는 두 사물을 같이 놓고 볼 때, 그 두 사물간의 차이가 명료해지고 각 사물의 특징들이 더욱 명백해지는 것과 같다. 게다가 이런 듣는 과정이 내가 미처 생각하지 못했거나 놓쳐 버린 것들을 다시 되새기도록 한다. 따라서 타인의 말을 최대한 관용적으로 인내심을 가지고 듣는 것은 개념이나 어귀와 같은 지엽적인 것에 갇히지 않고 상대방의 생각을 제대로 이해할 수 있게 해 줌으로써 합리적 토론의 토대를 만들어

줄 뿐만 아니라, 자신의 생각을 명료하게 만들어 준다.

(3) 토론은 총체적 이해를 필요로 한다

대부분의 대화가 그러하듯이 토론 또한 단순히 말을 하는 행위가 아니다. 토론은 특정한 주제에 대한 자신의 생각을 나누는 과정이다. 일상적인 대화는 특별한 절차나 논리적 계열을 지킬 필요가 없지만, 토론은 생각의 충돌에 따른 해결을 전제하기 때문에 일상적인 대화들보다 엄격하다. 단순한 일회적 가치 표현이나 감정 표현과 같은 일상적 대화와 달리, 토론은 자신의 주장을 정당화하는 논리적 연쇄 고리를 만들어내면서 자신의 주장을 명료하고 간명하게 상대에게 전달할 뿐만 아니라 상대의 주장을 정확히 이해해야 할 의무가 있다. 만일 이것이 없다면 대화는 단절되고 토론은 소통의 과정 없이 이기기 위한 싸움이 될 수밖에 없다.

그런데 토론은 현안이 되는 문제들, 충돌하고 있는 주장들이 서로 부딪히는 과정을 전제하기 때문에 서로의 인생관과 세계관, 가치관 등이 개입할 수밖에 없다. 비록 특정 사안에 대한 주제를 가지고 논의를 하더라도 그 토론은 이미 자기 자신의 정체성을 표현하는 세계관과 인생관, 가치관들과 결부되면서 이루어진다. 이런 의미에서 토론은 이미 나의 삶과 너의 삶이 상호 소통하는 것이자 각각의 정체성이 나누어지는 과정이라고 할 수 있다. 직접적으로 표현되지는 않더라도 특정한 판단에는 특정한 가치선호와 특정한 삶의 태도가 잠재되어 있는 경우가 대부분이다. 따라서 이해의 과정은 단순한 문자적인 의미를 이해하는 데 멈추어서는 안 된다.

오히려 이해는 전체적인 맥락 안에서 의미를 파악하는 총체적인 것이 되어야 한다. 토론 상대자의 주장과 근거가 무엇인가를 아는 것만으로 충분하지 않다. 오히려 이해는 토론 상대자가 무슨 의도를 가지고 어떤 문제의식 속에서 사안을 접근하고 있는지를 이해해야 한다. 물론 이와 같은 이해는 꼬투리 잡기 식으로 불순한 의도를 찾아내는 방식으로서의 이해가 아니다. 이것은 이기기 위한 방식으로서의 이해일 뿐이다. 오히려 여기서의 이해는 아주 좋은 의미에서 선한 의도를 가진 토론 상대방이 무엇을 문제 삼고 있으며 무엇에 대해 문제를 제기하는지를, 그리고 왜 그는 그렇게 사안에 접근하고 있는지를 그의 관점에서 이해하는 것이다.

(4) 내가 없는 토론은 없다

타인의 논의를 경청하고 그가 논의하는 맥락 속에서 그의 말을 이해하라는 것을 종종 '내'가 없는 토론이라고 오해하는 경우가 많다. 그러나 내가 없이 이루어지는 토론은 올바른 이해조차 할 수 없도록 만든다. 내가 누군가를 이해한다는 것, 내가 특정한 세계를 이해한다는 것, 또는 내가 특정한 가치를 이해한다는 것은 곧 내가 그것을 내 삶과 관련시켜 이해한다는 것을 의미한다. 내가 타인의 가치와 태도, 입장을 이해하기 위해서는 그의 입장에서 나의 삶을 다시 반성적으로 되돌아볼 때 가능하다. 마찬가지로 특정한 사안에 대한 토론에 참여하기 위해서는 내가 무엇보다 그것에 관심을 가지고 있어야만 한다. 그런데 이런 관심은 그냥 생겨나는 것이 아니다. 그것은 오로지 주어진 사안을 내 삶의 문제로 여길 때에만 가능하다.

'특정 사안을 내 삶의 문제를 간주한다.'는 것은 단순히 지적 호기심으로 그 사안을 이해한다는 것을 의미하지 않는다. 모든 삶은 서로 연관되어 있다. 그러나 사람들은 당장 영향을 미치는 것이 아니면 나와 관련 없는 것처럼 생각하는 경향이 있다. 그래서 사람들은 가족, 사회, 민족, 세계 등으로 범위가 확대될수록 나와 무관한 문제인 것처럼 생각하는 경향이 있다. 예를 들어 사람들은 인종주의가 세계의 보편적 인권 차원에서 근절되어야 할 것이라고 생각하는 반면 그런 인종적 편견이나 차별을 제거하는 데에는 무관심한 경우가 많다. 이것은 인종주의의 문제를 자기 삶의 직접적인 문제로 간주하지 않기 때문이다.

그러나 이런 문제들이 오히려 다른 어떤 것보다 우리 삶에 지대한 영향력을 행사한다. 예를 들어 세계 평화와 인권, 민족적 광기와 대립, 국가의 정책 결정이나 정치적 문제들은 당장 나에게 가시적인 영향을 미치는 것으로 나타나지는 않지만 그것이 잘못되었을 때, 내 운명이 바뀔 수 있는 사안들이다. 인종주의와 민족주의를 뿌리로 탄생한 나치즘은 결국 세계를 전쟁의 소용돌이로 몰아넣었다. 토론의 대상이 되거나 주제가 되는 사안들은 나와 무관하게 주어져 있는 것이 아니다. 사람들이 그것을 가지고 토론하고 있다는 사실만으로도 이미 그 문제는 내 삶에 영향을 미치는 사안이라고 할 수 있다.

이런 측면에서 내 삶과 논의 주제를 연관시키고 내 삶의 문제로 토론 주제를 끌어 들여야 한다. 그럴 때에만 우리는 그 주제가 논의되는 배경과 제기되는 문제의식 등을 이해할 수 있으며 진지하게 토론할 수 있다. 그렇지 않을 경우 우리는 내 생각을 제시하지도 못할 뿐만 아니라 상대방이 제기하는 문제가 무엇인지 이해할 수 없게 된다. 또한, 내 삶과 관련시키지 않기 때문에 그 문제를 공동으로 해결할 필요도 느끼지 않는다. 따라서 토론은 양비론兩非論, 또는 양시론兩是論으로 흐르게 된다.

내가 없는 토론에서 논의 주제는 내 삶과 무관하다. 형식적인 토론은 자신의 지적 우월성을 과시하는 효과만을 가진다. 양 입장에 대한 비판이더라도 이것은 더 나은 해결책을 찾거나 상호 소통하기 위한 비판이 아니라 단지 자신을 내세우기 위한 비판일 뿐이다. 그런가하면 내가 없는 토론은 각각의 주장이 내 삶에 미치는 효과들과 관련하여 생각하지 않기 때문에 아무래도 좋다는 식의 태도를 낳을 수 있다. 어느 입장이든 다 일리가 있으며, 그것이 무엇이든 결과는 마찬가지라고 생각한다. 따라서 양비론이든 양시론이든 양자다 토론의 논점을 흐리고 논의를 혼란스럽게 만드는 역할만을 한다.

3) 올바른 토론을 위한 자세

(1) 타자를 이해하라

'토론은 다름을 전제한다.'는 측면에서 올바른 토론은 항상 '타자'(=나와 다른 타인), 곧 다름을 전제한다. 나와 다름을 전제하지 않는 대화에는 동일성이 전제되어 있다. 그것은 대화의 상대방을 대화의 주체로 인정하지 않는 것이다. 다름이 없으면 대화는 성립하지 않는다. 그러나 동일성은 나와 토론하고 있는 상대방이 나와 정서나 가치관과 동일하다는 것을 전제한다. 따라서 동일성에 기초한 토론은 우리를 대화가 아니라 '자기 대화' 즉, 독백으로 이끈다. 타자가 전제되지 않은 곳에는 오직 자신만의 세계, 오직 자기 자신과의 대화만이 있을 뿐이다.

다름이 전제될 때에만 대화의 상대가 무엇이, 어떻게, 왜 다른지를 이해하려는 노력이 이루어질 수 있다. 서로의 가치관과 정서, 감정, 욕망이 다르다는 점을 전제하고 이 안에서 그 다름을 이해하려고 할 때에만 무엇이, 어떻게, 왜 다른지가 명료해질 수 있으며 내 생각이 무엇인지도 명료해질 수 있다. 그리고 그렇게 될 때에만 토론의 쟁점 또한 명료해진다. 그러나 다름을 전제하지 않는 대화는 다름에 적의를 품게 하고 다름을 무조건 없애려고만 하기 때문에 다름을 통해서 소통이 이루어지는 것이 아니라 오히려 다름을 배제하고 억압함으로써 소통을 방해하고 단절시킨다. 여기서 말은 삶을 나누는 매개체가 아니다. 그것은 타자를 굴복시키는 힘이 되며 누군가를 복속시키는 권력이 된다.

다름의 인정은 상대주의나 아무래도 좋다는 것을 의미하는 것은 아니다. 각자 자신의 가치나 생각이 있기 때문에 모든 것은 상대적이고 따라서 어떤 사람의 가치관이나 판단을 비판하는 것은 적절하지 않다는 식의 관점은 상대방의 관점을 존중하는 것처럼 보이지만 실제로는 '너나 잘하세요.'라는 식의 냉소적인 관점일 뿐이다. 또한, 어떤 사람이 자신의 주장을 적극적으로 전개하고 이를 관철시키기 위해 노력하는 것을 '독단적'이라고 비판하는 것도 적절하지 못하다. 서로의 다름이 있다는 것은 상호 무관심하거나 어떤 가치도 승인되어야 한다는 것을 의미하는 것이 아니다. 오히려 다름은 그 자체를 승인하는 데 있지 않다. 다름은 서로가 해결책을 모색하고 삶을 확장시키고 참을 찾기 위한 실천적 모색을 위한 전제일 뿐이다.

(2) 거리를 두고 보라

다름이 다르다는 사실의 확인으로 끝나는 것이 아니라 공동의 실천적 모색이 되기 위해서는 자기/타자의 대립을 벗어나야 한다. 그런데 이와 같은 대립을 벗어나는 것은 말처럼 쉬운 것이 아니다. 양자의 대립을 벗어나기 위해서는 양자 모두에 대한 거리두기를 해야 하기 때문이다. 거리두기는 타인에 대해서만 '삐딱한 것'이 아니라 자기 자신에 대해서도 '삐딱하게 보는 것'이다. 따라서 거리두기는 타인뿐만 아니라 자기 자신을 대상화하고 객관화해야 한다. 그것은 타자와 나를 동일한 잣대 위에 세우고 이를 비판적으로 보는 것이다. 이런 의미에서 거리두기는 다른 한편으로 자신의 견해와 주장을 세우는 것이기도 하다.

토론의 와중에 '내가 있다는 것'은 내 생각을 객관화하고 보편화할 때

가능하다. 일반적으로 사람들은 '내가 있다는 것'을 내 주장을 강하게 내세우는 것이라고 생각하는 경향이 있다. 하지만 이것은 내가 있는 토론이 아니다. 내가 있는 토론은 나만의 주장이 아니라 나의 주장이 다른 사람에게도 타당하고 설득력이 있을 때 가능하다. 그런데 이렇게 다른 사람에게도 타당하고 설득력 있는 주장이 되기 위해서는 나의 견해뿐만 아니라 타인의 견해가 무엇인지를 정확히 파악하고 이에 대한 객관적인 근거와 비판 논점을 잡아야 한다. 그러므로 거리를 두고 보지 않으면 토론은 나의 일방적인 주장이 되거나 현재 논의되는 주제와 동떨어진 토론이 될 가능성이 많다.

거리를 두고 보기 위해서는 자기와 타인의 주장을 동일하게 내 앞에 놓고 둘 다 지니고 있는 문제점과 함정을 찾아내야 한다. 그리고 그 안에서 양자의 문제의식이 어떻게 다르며 양자의 주장과 근거가 무엇인지를 찾아내야 한다. 만일 이런 '거리두기', 양자에 대한 '삐딱하게 보기' 없이 현재 진행되는 주제의 쟁점을 찾아낸다면, 그것은 주관적이고 자의적인 쟁점이 될 가능성이 높다. 따라서 토론에서는 타자에 대한 이해에 기초하여 타자와 나 모두를 대상화하고 비판하는 사유의 과정을 거쳐야 한다.

(3) 숨겨진 전제와 쟁점들을 찾아내라

쟁점을 명확히 하는 것은 올바른 토론을 위해 반드시 필요한 조건이다. 그러나 쟁점은 논의 과정에서 항상 명료하게 드러나는 것은 아니다. 쟁점이 명확하지 않을 때, 토론은 옆길로 새기 쉽다. 어떤 토론자들은 상대방의 핵심 주장과 논거를 논의의 주제로 삼기보다는 지엽적이고 부차적인 문제들을 가지고 물고 늘어지는 경우가 있다. 또, 어떤 사람들은 묻는 물음에 대한 답변을 하는 것이 아니라 다른 이야기를 하면서 물음을 회피하기도 한다. 이렇게 되면 토론은 맥락 없는 토론이 되고 사소한 문제들을 가지고 논의하는 토론이 되고 만다. 일반적으로 난상토론은 이와 같이 핵심 주장과 쟁점이 명료하지 않을 때 벌어진다. 따라서 쟁점을 구체적으로 명료히 하는 것은 논점에 따른 논의를 진척시키기 위해서도 반드시 필요한 조건이다.

우리가 쟁점을 찾아낼 때, 흔히 범하는 잘못은 모든 대립되는 견해들을 전부 다 나열하는 경우이다. 이 경우에는 핵심 쟁점으로부터 논리적으로 연결되는 하위 쟁점들을 전부 다 동일한 수준에서 정점들로 정리하기가 쉽다. 그러나 이렇게 되면 쟁점들이 너무나 많아지고 핵심 쟁점과 부차적인 쟁점이 구분되지 않음으로써 성과 있는 토론이 되기 어렵다. 따라서 찾아낼 수 있는 쟁점들을 전부 찾아내서 나열한 이후, 그것의 논리적 함수 관계를 고려한 다음, 핵심 쟁점을 중심으로 쟁점을 정리해야 한다. 또한, 쟁점의 순서에도 유의해야 한다. 쟁점들이 논의의 흐름을 따라 정리되지 않으면 토론은 중구난방이 될 수 있다. 따라서 논의 흐름에 맞추어 쟁점들의 순서를 잡아 주어야 한다.

아울러 어떤 주장들은 그 이면에 아직까지 정당화되기 힘든, 특정한 전제를 감추고 있는 경우가 있다. 토론이 정상적으로 진행됨에도 불구하고 특정한 지점에 가면 계속 막히고 겉도는 경우에 대부분 이런 전제를 은폐하고 있다. 이런 경우에는 주장의 이면에 드러나지 않은 전제, 또는 토론자가 너무나 자명하게 전제하고 있는 가정이 무엇인지를 찾아내도록 해야 한다. 실제로 우리는 일상 속에서 너무 자명하게 전제하고 있는 편견이나 선입견을 가지고 있다. 그러므로 이것이 정말 그런지는 비판적으로 재검토되어야 할 것이다. '삐딱하게 본다'는 것의 진정한 의미는 바로 이와 같은 일상적인 관념에 대해 근본적으로 회의하고 비판적으로 본다는 것을 의미한다.

(4) 일상적인 친숙한 관념을 의심하라

우리는 성장하면서 특정한 삶의 환경에 의해 주어진 관념들을 너무나 자명한 것으로 받아들이는 경향이 있다. 이런 관념들은 우리에게 너무나 일상적이고 친숙한 것이기 때문에 아무런 의심 없이 참이라고 여겨진다. 그러나 이런 관념들일수록 특정한 사회적 환경이나 개인적 경험에 의해 주어진 잘못된 관념일 경우가 많다. 그런데 문제는 이런 관념들을 우리가 너무나 자명하게 생각하기 때문에 아예 문제의식을 갖지 않는다는 점이다. 무언가에 대해 이미 잘 알고 있다고 믿는 사람은 더 이상 알려고 하지 않는다. 그래서 무지를 자각하는 것이 참된 앎의 출발점이다.

토론에서도 이런 식의 일상적 관념이나 사고들이 상호간의 합리적 토론을 가로막는다. 예를 들어 '월경페스티벌'을 보고 어이없어 하는 경우가 있다. 이것은 여성 차별과 월경과의 상관관계를 전혀 생각해 보지 않았기 때문이다. 그런데 아무런 생각을 하지 않았던 보다 근본적인 원인은 우리가 익숙하게 느끼는 것들을 그대로 받아들이고 있기 때문이다. 자신이 가지고 있는 생각이 어떤 문제를 가지고 있는지 전혀 의심하지 않기 때문에, 그는 이전의 관념으로 이 사태를 바라보았고 따라서 '월경페스티벌'이 어떤 문제의식을 가지고 진행되었는지를 이해할 수 없게 된 것이다. 여기서 토론은 이루어질 수 없다. 왜냐하면 상대방이 왜 그런 문제를 제기하는지조차 이해할 수 없기 때문이다. 이외에도 국가주의, 민족주의, 가족주의 등등의 관념은 우리에게 너무나 친숙한 관념들이지만 실제로는 많은 문제를 안고 있는 관념들이기도 하다.

우리는 주변으로부터 친숙한 관념들을 '삐딱하게' 볼 수 있어야 한다. 이것 없이는 기존의 낡은 관념들을 비판하고 새로운 가치들을 창조해 갈 수 없다. 우리에게 주어진 가치나 관념, 이론들은 그 자체로 자명한 것이 아니다. 오랜 역사적 과정을 거쳐 검증을 거친 과학이론조차 잘못된 것으로 드러나기도 한다. 하물며 엄격한 과학적 잣대 없이 자연스럽게 우리에게 습득된 관념들이야 더 말할 나위도 없다. 게다가 현대사회는 매우 복잡할 뿐만 아니라 이전과 비교할 수 없을 만큼 빠르게 변화하고 있다. 만일 우리가 이런 변화들을 무시하지 않는다면 끊임없이 주어진 사고와 가치를 뒤집어 볼 줄 알아야 한다. 그렇지 않으면 우리는 그 변화에 뒤쳐질 것이며 토론에 참여하기도 힘들어질 것이다.

(5) 자신의 주장을 일반화해라

우리가 토론을 하다보면 타인의 주장이나 기존의 관념들을 삐딱하게 보고 비판하는 데에는 거리낌 없이 하면서 정작 자신의 주장을 일반화하지 않는 경우를 종종 보게 된다. 심지어 어떤 토론자는 "그럼 당신은 어떻게 하자는 것이냐?"라고 물으면 "내 생각은 어쨌든 당신의 견해가 잘못되어 있다는 것이죠."라고 말하기도 한다. 그러나 이것은 설사 타당한 비판이라고 할지라도 주장이 정당화될 수 없다. 어떤 주장도 그것이 근거를 갖지 못하는 이상, 정당화될 수 없으며 다른 사람을 설득할 수도 없다. 그런데도 어떤 사람들은 "당신은 왜 그렇게 생각하세요?"라고 물으면 "그냥요."라고 말하거나 "내 생각이에요."하는 경우가 있다. 이것은 아직 자신의 생각을 일반화하지 않았기 때문이다.

게다가 일반화되지 못한 주장은 '남이 하면 불륜이고 내가 하면 로맨스'라는 식의 사고를 낳게 한다. 이런 이중 잣대는 흔히 일반화되지 못한 주장이 가진 가장 큰 문제이다. 이런 주장은 일반적으로 토론 과정에서 일관성을 상실하는 경우가 많다. 그것은 자신이 어떤 근거를 가지고 반대하고 있으며 어떤 근거로 자신의 주장을 펴는지를 일반화시키지 않았기 때문이다. 이런 경우, 토론자는 다른 모든 사람들뿐만 아니라 자기 자신의 주장을 일반화하지 않았기 때문에 타인의 주장에 대해 비판할 때 들었던 논거와 정반대가 되는 논거로 자신의 주장을 펴는 이중적 태도를 보이기도 한다.

그러므로 일관된 주장을 펴기 위해서라도 자신의 주장을 일반화해야 하며, 그것에 기초하여 일반적인 근거를 제시해야 한다. 자신의 주장을 일반화하기 위해서는 나뿐만 아니라 다른 모든 사람들에게도 타당한 근거와 논리가 제시되어야 한다. '네 행위의 준칙이 다른 모든 사람들에게도 보편타당하게 행위하라.'라는 칸트의 정언명법이나 '당신이 특정한 선택을 할 때, 그것은 곧 인류가 선택하는 것이 되게 하라.'라는 사르트르의 말은 이와 같은 '일반화'의 규범으로 생각해 볼 수 있다. 따라서 자기 안에만 사고하는 것이 아니라, 항상 자신의 주장이 다른 사람들에게도 일반화될 수 있도록 해야 한다.

(6) 보편적 가치와 선택적 가치를 찾아내라

우리가 토론을 하는 것은 단지 기존 관념이나 가치를 뒤집거나 특정한 주제에 대한 쟁점을 확인하기 위한 것이 아니다. 즉, 비판을 위해 비판을 하는 것은 아니다. 오히려 비판은 기존의 관념이나 가치가 가진 문제점을 다시 반성적으로 성찰함으로써 보다 현실에 적합하고 보편적인 가치를 세우기 위해서이다. 또한 특정한 주제에 대한 쟁점을 명료히 하는 것도 최대한 쟁점을 분명히 함으로써 선택을 명확히 하기 위해서이다. 물론 이런 쟁점이 해소되고 하나의 대안적 방향을 찾아내면 더없이 좋을 것이다. 하지만 대부분 토론에서 서로의 입장이 충돌하는 것은 어떤 가치를 보다 중요하게 여기기 때문이다. 이런 경우, 서로 합의를 보거나 하나의 기준으로 묶어낼 수 없다. 따라서 이와 같은 토론에서 보다 중요한 것은 자신의 입장을 보다 일반화하여 제시하는 것이다.

그런데도 사람들은 자신의 주장을 보편화하지 않는 경향이 있다. 그러나 이렇게 보편화되지 않을 때 무엇이 서로 부딪치고 있는지, 그리고 각 주장이 어떤 가치를 보다 더 우선시하는지가 명확해지지 않는다. 그리하여 토론은 가치들 간의 서열 관계에 대해 명확히 규정하는 것이 아니라, 오히려 자신들이 소중히 여기는 가치들을 상대방이 무시하고 있다고 비판하면서 싸우는 경우가 많다. 예를 들어 환경적 가치와 경제적 가치가 충돌할 경우, 사람들은 어느 하나가 어느 하나를 무시한다는 식으로 이야기한다. 이렇게 될 경우 토론은 어떤 가치를 보다 더 보편적인 것으로 설정해야 하는가라는 문제보다는 상대방에 대한 비난으로 귀결되기 쉽다.

그러므로 기존 가치나 관념에 대한 비판에서도, 다른 주장에 대한 비판의 칼날을 세우는 데에서도 자꾸만 상호의 쟁점만을 극대화시키기만 해서는 안 된다. 오히려 쟁점을 극대화하는 것은 양자의 차이를 명료히 함으로써 문제의식을 확인하기 위함이고 이를 통해서 우리는 양자가 함께 직면하고 있는 공통의 문제의식과 그렇지 않은 쟁점들을 가려낼 수 있다. 그럴 경우에만 우리가 서로 어떤 것을 해결해야 하는지 그리고 그 해결을 위해 공동으로 무엇을 모색해야 하는지를 찾아낼 수 있으며, 우리가 어떤 가치를 우선적으로 선택해야 하는지를 명료히 알 수 있다.

(7) 실천적 효과를 고려하라

우리는 특정한 사안들에 대해 논의할 때, 그 사안들에 대한 논리나 근거들에 집중함으로써 그 주장이 실현됨으로써 가질 수 있는 사회적 효과나 실천적 효과를 간과하는 경향이 있다. 그러나 어떤 주장도 우리 삶과 무관한 것은 없다. 우리가 토론을 하는 것은 그 주제가 우리 삶과 밀접한 관련을 맺고 있기 때문이다. 특정한 비판이나 주장은 곧 내 삶에 대한 비판이자 내 삶을 이렇게 바꾸어야 한다는 의지의 표명이다. 따라서 내 주장이 실현되었을 때 그것이 지니는 실천적 효과를 반드시 탐구해야 한다. 예를 들어 '환경보호를 위해 환경세를 올려야 한다.'는 주장을 하면 그것은 곧 내가 그 환경세를 부담하겠다는 의지의 표명이다.

그러나 토론에서 제기되는 주장들은 이런 세금 부담에 대한 결의 표명 정도에만 영향을 미치는 것은 아니다. 오히려 토론에서 제기되는 주장들은 특정 가치들을 우선적으로 선택하고 특정한 사회와 인류의 모습을 선택하는 것까지를 포함한다. 예를 들어 이주노동자들에 대한 나의 태도가 인종적 차별을 정당화한다면, 그것은 곧 인종적 차별을 가진 인류 사회를 선택하는 것이며 그 자신이 인종적 차별을 받더라도 이를 수용하겠다는 것을 의미한다. 또한, 환경적 가치와 경제적 가치 중에 어느 하나를 우선시한다면 그것은 곧 자신의 가치관을 그렇게 선택한다는 것을 의미한다. 그러므로 특정 사안에 대한 토론은 단순한 말이 아니다. 그것은 곧 실천을 함축한다.

어떤 주장도 이와 같은 실천적 함축을 가지고 있지 않은 주장은 없다. 누군가가 어떤 주장을 했다면 그것은 이미 일반화된 수준에서 실천을 선택하고 있는 것이다. 따라서 특정한 주장의 의미나 문제의식을 파악할 때에는 반드시 글자 그대로의 의미만을 파악하는 것이 아니라 '그 주장이 실현되었을 때, 어떤 사회가 형성될 것이며 어떤 가치가 우선시될 것인가'를 미리 예상해보는 것도 매우 좋은 방식이다. 자신이 주장하고 있는 것도 단지 논리적인 근거나 일관성에만 유념할 것이 아니라, 그것이 실현되었을 때 그것이 지니는 실천적 효과를 미리 예측해 보는 것이 필요하다. 아울러 그런 실천적 효과가 자신의 문제의식이나 애초의 비판의 목적에 적절한지도 다시 따져보아야 한다. 그럴 때에만 전체적으로 자신의 주장이 일관적이면서도 명료해질 수 있다.

활/동/과/제

1. 텔레비전 토론 프로그램을 보고 개별 토론자의 자세를 평가해 보자.

1) 프로그램명: 방송일시:

2) 토론의 주제:

3) 토론 참여자

참여자	역할	토론 태도
		• • • 총평 ▶
		• • • 총평 ▶
		• • • 총평 ▶
		• • • 총평 ▶
		• • • 총평 ▶

2장
비판적 사고와 논리

1. 논증이란 무엇인가

일상생활에서 우리는 우리가 이미 알고 있는 정보들을 토대로 어떤 결론을 이끌어내는 생각을 하며 때로는 이를 표현하기도 한다. 또한 우리는 일상적 대화, 책, 대중매체 등에서 다른 사람들이 이러한 생각을 표현하는 것을 듣거나 읽는다. 이처럼 어떤 근거를 통해 결론으로 나아가는 사고 과정을 추론(추리)이라고 하며, 이를 언어로 표현한 것을 논증이라고 한다.

논증의 목적은 어느 하나의 주장이 참이라는 것을 정당화하는 것이다. 이러한 논증은 전제와 결론으로 이뤄진 명제proposition들의 집합이고, 이는 일상적인 용어로 말하자면 근거를 갖춘 주장 체계라고 할 수 있다. 이때 명제는 참과 거짓을 가릴 수 있는 문장을 의미하며, 따라서 감탄, 의문, 명령, 제안을 표현하는 문장은 참과 거짓을 가릴 수 없기에 명제라고 할 수 없다.

하지만 어떤 문장이 표현상 의문문으로 되어 있지만 강한 긍정이나

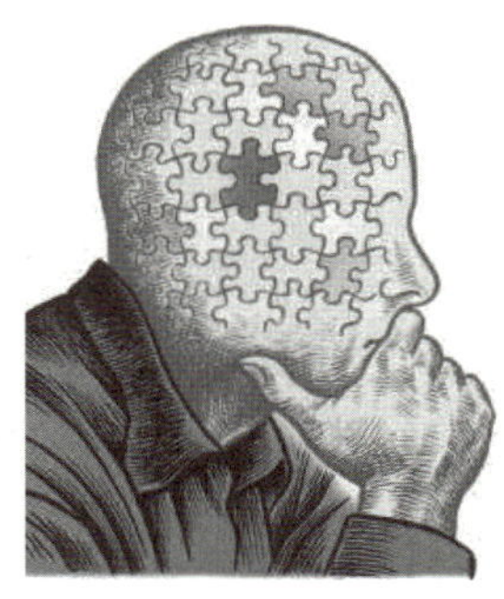

부정을 담고 있는 명제가 그 안에 담겨 있을 수도 있다. 가령, "누가 그런 일을 마다하겠는가?"라는 문장은 "아무도 그 일을 마다하지 않는다."라는 명제를 표현하고 있기 때문에 우리는 문장의 형식보다는 그 안에 담긴 명제를 파악할 필요가 있다. 뿐만 아니라 일상적 표현상으로 보면, 한 문장 안에 여러 명제들이 담겨 있을 수도 있고 전제와 결론이 순서대로 제시되는 것이 아니라 전제의 내용을 담은 문장과 결론의 내용을 담은 문장이 순서 상관없이 섞여 있는 경우도 많다. 우리가 일상적 표현으로 된 텍스트를 논증적으로 이해한다는 것은 이렇게 겉으로 보아서 체계적으로 드러나 있지 않은 내용들을 논증의 형식에 맞게 재구성해서 이해한다는 것을 의미한다.

요/점/정/리

- **추론**: 근거를 통해 결론으로 나아가는 사고 과정
- **논증**: 추론의 언어적 표현.
- **논증의 구성**: 전제(명제)+결론(명제)
- **명제**: 참, 거짓을 가릴 수 있는 문장
- **명제가 아닌 것**: 의문, 감탄, 명령, 제안의 내용을 담은 문장
- **논증적 이해**: 문장들의 표현 형식보다는 문장들의 의미에 초점을 맞추어 그것을 명제로서 이해한 후, 전제와 결론의 구성으로 파악하여 이해하는 것

2. 논증의 유형 – 연역과 귀납

논증은 크게 두 종류가 있다. 하나는 연역deduction이고 다른 하나는 귀납induction이다. 연역은 전제들로부터 필연적으로 결론이 따라 나오는 논증을 의미하며, 귀납은 전제들로부터 개연적으로 결론이 따라 나오는 논증을 의미한다.

연역의 대표적인 논증으로는 다음과 같은 삼단 논법이 있다.

[전제1] 모든 사람은 죽는다.
[전제2] 소크라테스는 사람이다.
[결 론] 따라서 소크라테스는 죽는다.

이 논증은 전제1, 전제2 모두 참이라고 할 경우, 결론이 필연적으로 참이 되는 형식을 가지고 있다. 사실, 기원전 4세기 중국에서는 소크라테스가 사람인지, 개인지, 강인지 알 수가 없었을 것이다. 하지만 명제의 내용이 실제로 참인지 여부는 논증의 형식에 있어 그다지 중요하지 않다. 즉 전제1, 전제2가 모두 참이라는 것을 받아들일 경우, 위의 결론도 참이라고 받아들일 수밖에 없다. 다시 말해서, "모든 사람은 죽는다."는 말에 "그렇지."라고 동의하고 "소크라테스는 사람이다."에 "그렇지."라고 동의하면서 "그러니까 소크라테스는 죽는다. 맞지?"라는 말에 "그건 아니지."라고 대답할 수 없다는 것이다. 이렇게 전제로부터 결론이 필연적으로 나오게 되어 있는 논리적 형식이 바로 연역의 특징이다. 그리고 전제에 포함된 개념들(사람, 죽는다, 소크라테스)을 보면 이미 그 안에 결론에 나올 개념들(소크라테스, 죽는다.)이 다 제시되어 있다. 즉, 전제에 들어 있지도 않은 개념이 갑자기 결론에 나오지 않는다. 그래서 연역은 거미가 거미줄을 뽑아내듯이 이미 주어져 있는 내용들로부터 확실히 나올 수 있는 내용들을 뽑아내는 논증이라 할 수 있다. 결론으로 나오는 지식은 전제로부터 안전하게 필연적으로 얻을 수 있는 지식이 되며, 전제에 포함된 지식보다 내용이 더 확장된 지식일 수는 없다. 하지만 귀납은 전제에 나타나 있는 내용보다 더 많은 내용이 결론에 나타난다. 따라서 추론과정에서 지식의 확장이 일어나고 전제의 내용이 적절하게 추가되면 결론의 신빙성이 증가한다. 즉 결론이 강화된다. 이에 반해 귀납과 달리 연역은 논리의 형식상 완결적이기 때문에 전제에 내용을 추가한다고 해서 결론이 더 강화되지 않는다.

1) 연역 논증의 예

① 리비아에 치열한 내전이 끝나지 않는다면, 난민들은 계속해서 목숨을 걸고 탈출할 것이다.
리비아에 내전은 계속되고 있다.
따라서 난민들의 목숨을 건 탈출도 계속될 것이다. (전건긍정법)

[관련 오류]
만일 데카르트가 『순수이성비판』을 썼다면, 데카르트는 위대한 철학자이다.
데카르트는 위대한 철학자이다.
따라서 데카르트는 『순수이성비판』을 썼다. (후건긍정의 오류)

② 사람은 배가 고프면, 배에서 꼬르륵 소리가 난다.
나는 배에서 꼬르륵 소리가 나지 않는다.
따라서 나는 배가 고프지 않다. (후건부정법)

[관련 오류]

영수가 집에 와서 저녁을 먹었다면 영수는 용돈이 떨어진 것이다.
영수는 집에 와서 저녁을 먹지 않았다.
따라서 영수는 용돈이 떨어지지 않았을 것이다. (전건부정의 오류)

③ 모든 삼각형의 내각의 합은 180도이다.
따라서 이등변 삼각형의 내각의 합은 180도이다. (전체-부분)

④ 건국건설은 공학전공 졸업생과 인문학전공 졸업생을 신입사원으로 뽑는다.
따라서 건국건설은 인문학전공 졸업생을 뽑는다. (연언지 분리법)

⑤ 나는 부드러운 말투를 가진 사람을 좋아한다.
나는 유머가 있는 사람을 좋아한다.
따라서 나는 부드러운 말투를 가진 사람을 좋아하고, 유머가 있는 사람을 좋아한다. (연언지 결합법)

⑥ 그녀의 전공은 미술이거나 건축이다.
그런데 그녀의 전공은 미술이 아니다.
그렇다면 그녀의 전공은 건축이다. (선언지 제거법)

[관련 오류]

칸트는 철학자이거나 독신이다.
칸트는 철학자이다.
따라서 칸트는 독신이 아니다. (선언지 긍정의 오류)

⑦ 생명은 창조되거나 진화한다.

생명이 창조되었다면, 현재 있는 생명체들은 모두 과거에도 있었어야 한다.

많은 생명체는 과거에는 없었다.

그러므로 생명은 창조되지 않았다.

그러므로 생명은 진화한다. (후건부정법과 선언지 제거법의 응용인 귀류법)

⑧ 만약 네가 진실을 말하면 사람들이 너를 미워할 것이다.

만약 네가 거짓을 말하면 신이 너를 미워할 것이다.

너는 말을 할 때 언제나 진실 아니면 거짓을 말하게 되어 있다.

그러므로 너는 사람들에게 미움을 받거나 신에게 미움을 받는다.

(딜레마 논증)

2) 귀납 논증의 예

① 우리가 이제껏 본 수박은 모두 줄무늬가 있었다.

그러므로 모든 수박은 줄무늬가 있을 것이다.

(귀납적 일반화 중 보편적 일반화)

② 우리 반 아이들 50명 중 10명을 조사한 결과 9명이 시험 때에만 공부한다고 한다.

그러므로 우리 반 아이들의 90%는 시험 때에만 공부한다.

(귀납적 일반화 중 통계적 일반화)

③ 모든 10대 소년의 90%는 학교에 다닌다.
성수는 10대 소년이다.
그러므로 성수는 학교에 다닌다. (통계적 삼단논법)

④ 지구와 화성은 태양계의 혹성으로, 태양에서 거리가 비슷하고, 태양을 중심으로 공전, 자전을 하고 있는 점이 같다.
그런데 지구에는 물과 공기가 있고 생물이 있다.
그러므로 화성에도 물과 공기가 있고, 생물이 존재할 가능성이 있다. (유비논증)

요/점/정/리

- **연역**: 전제들로부터 필연적으로 결론이 따라 나오는 논증
- **귀납**: 전제들로부터 개연적으로 결론이 따라 나오는 논증
- **연역 논증의 특징**: 결론의 내용이 전제들 속에 이미 포함되어 있다. 확실하게 결론을 이끌어낼 수는 있지만 새로운 지식을 얻을 수는 없다. 전제를 추가하거나 보충한다고 해서 결론이 강화되지 않는다.
- **귀납 논증의 특징**: 전제들의 내용보다 결론의 내용이 더 많다. 즉 지식의 확장이 일어난다. 확실하게 결론을 이끌어낼 수는 없지만 새로운 지식을 얻을 수 있다. 적절한 전제를 추가하거나 보충하면 결론이 강화될 수도 있다.

활/동/과/제

1. 다음 중 연역 논증은?

① 비가 온다면 땅이 젖는다.

② 비가 올 때는 언제나 땅이 젖는데 지금 비가 오고 있으니 땅은 젖을 것이다.

③ 비 오는 날의 대부분은 자동차의 수가 적어진다.

④ 비 오는 날의 대부분은 자동차의 수가 적어진다. 그러므로 비가 오는 지금은 자동차가 적어졌을 것이다.

2. 다음 중 귀납 논증은?

① 지수는 키가 작기 때문에 부지런하다.

② 키가 작은 사람들은 개미처럼 부지런하다.

③ 키가 작은 사람들은 대부분 마음이 착하다. 그러므로 키가 작은 지수는 마음이 착할 것이다.

④ 성수는 규리보다 키가 작고 명수는 성수보다 키가 작다. 그러므로 명수는 규리보다 키가 작다.

3. 다음 논증에 대해 평가하시오.

독일은 1974년과 1990년 월드컵 우승팀이다.
두 연도를 합하면 3964이다.
브라질은 1970년과 1994년 월드컵 우승팀이다.
두 연도를 합하면 3964이다.
아르헨티나는 1978년과 1986년 월드컵 우승팀이다.
두 연도를 합하면 3964이다.
따라서 1966년 월드컵 우승팀 잉글랜드는 1998년 월드컵에서 우승할 것이다.

4. 다음의 이야기는 무엇을 말해주는 걸까요?

칠면조 농장에서 자라게 된 이 칠면조는 첫날 아침을 맞이하면서 아침 9시에 모이를 준다는 사실을 알게 되었다. 칠면조는 이런 사실을 여러 차례에 걸쳐 확인하였다. 매일 하나하나의 관찰을 더해 나갔다. 드디어 충분히 많은 자료가 모였다는 판단 아래 항상 아침 9시에 모이를 먹는다는 귀납추리의 결론을 내리게 되었다. 그렇지만 이 결론은 크리스마스이브에 먹이를 먹는 대신 목이 잘림으로 말미암아 부정할 수 없는 거짓으로 판명되었다.

(버트런드 러셀, 『철학의 문제들』)

① 전제에 포함될 관찰 사례가 더 많았어야 확실한 결론이 도출된다는 것
② 연역 논증이 새로운 지식을 제공하지 못한다는 것
③ 논리학이 실생활에 그다지 도움이 되지 않는다는 것
④ 귀납 논증은 전제가 모두 참이라면 결론이 참일 가능성이 높은 것이지 반드시 결론이 참이라는 것을 보증해주지는 못한다는 것

5. 보기 논증은 연역 논증이다. 타당한 연역 논증이 되기 위해 괄호 안에 들어갈 결론은?

[보기] 책을 읽는 것이 도움이 된다면 사람들은 책을 많이 살 것이다.
사람들은 책을 많이 사지 않았다.
그러므로 (   )

3. 논증의 분석과 재구성

자신의 논증을 훌륭하게 구성하는 능력을 기르는 데 좋은 방법 중 하나는 다른 사람의 논증을 분석하고 재구성하는 훈련을 하는 것이다. 그런데 논증을 분석하고 재구성하기 위해서는 다음과 같은 작업이 필요하다.

① 논증의 뼈대를 이루는 그 논증의 전제(이유)와 결론(주장)을 찾는다.
② 논증에서 때로는 직접 드러나지 않고 숨어있는 전제와 결론을 찾는다.
③ 논증에 드러나 있거나 숨어있는 모든 전제와 결론의 구조를 재구성한다.
④ 전제에서 결론을 이끌어내는 추론이 타당한지 평가한다.
⑤ 논증에서 제시하는 전제가 참인지 평가한다.

이러한 각각의 작업이 구체적으로 무엇을 의미하는지 알아보자.

1) 전제와 결론 찾기

논증은 어떤 명제가 참임을 정당화하기 위해 사용한다. 따라서 논증은 참이라고 주장하는 명제와 그것이 참임을 뒷받침하는 근거로 구성된다. 우리는 이 명제를 결론이라고 부르고 그것이 참이라는 근거를 전제라고 부를 수 있다. 이러한 전제와 결론이 들어있지 않다면 논증이라고 할 수 없다.

예를 들어보자.

> 영화배우 김태희는 비와 사귀고 있다. 최근 김태희와 비가 미국의 한 놀이공원에서 데이트를 즐긴 사실이 알려졌다. 두 사람은 테마파크와 레스토랑에서 식사하는 모습이 포착됐다. 두 사람은 주변을 의식하지 않고 평범한 커플처럼 다정한 데이트를 즐겼다.

위 문장은 논증이 아니다. 여기에서는 전제와 결론이 들어있지 않기 때문이다. 다음의 예는 어떤가?

> 김태희는 여배우인데 여배우는 대개 예쁘니까, 김태희는 예쁠 것이다.

이 문장은 논증이라고 할 수 있다. 여기에는 전제와 결론이 들어있다. 여기에서 전제와 결론을 찾아보자.

자신의 논증을 구성하거나 남의 논증을 분석하는 데 있어 가장 기본은 그 논증을 이루는 전제와 결론을 찾는 것이다. 다음 예에서 전제와 결론을 찾아보자.

> 다른 사람이 죽는 것을 돕는 것(안락사)은 살인이다. 살인은 악이다. 따라서 다른 사람이 죽는 것을 돕는 것은 악이다.

2) 숨은 전제와 결론 찾기

논증에는 의도적으로, 실수로 혹은 굳이 드러낼 필요가 없어서 논증자가 생략한 전제나 결론이 있다. 논증을 분석하여 재구성함은 원래 논증을 논증자의 의도에 따라 해석하고 더욱 명료하게 만드는 일이다. 이를 위해서는 비판적 사고에 따른 태도가 아주 중요하다. 그렇지만 더 나아가 논증자의 의도에 공감하는 태도를 가지고 논증의 전체 구조에서 드러나지 않은 전제와 맥락까지 파악할 수 있어야 한다. 즉 주어진 글의 맥락과 상황을 고려하여 논증자의 의도를 최대한 살려주어야 하는 것이다. 이를 두고 '자비의 원리'를 따른다고 하는데, 이는 토론에 있어서도 매우 중요한 원리이다.

보통 논증에 있어서 그 맥락에서 너무 당연해서 어떤 전제나 결론을 굳이 드러내서 주장하지 않는 경우가 있다. 또 그럴 필요가 없는 경우도 있다. 가령 다음의 예를 보자.

연기를 잘하는 배우는 좋은 배우이다. 그리고 김태희는 연기를 잘한다.

여기에서는 명시적인 결론이 없는 것처럼 보인다. 그러나 자세히 읽어보면 우리는 이 글이 함축하고 있는 결론을 찾을 수 있다. 그것은 바로 김태희는 좋은 배우라는 것이다.

이처럼 결론이 드러나지 않고 함축되어 있는 경우뿐 아니라, 전제가 드러나지 않고 함축되어 있는 경우도 있다.

낙태는 무고한 생명을 의도적으로 앗아가는 행위이다. 따라서 낙태는 살인이다.

여기에서 결론은 낙태는 살인이라는 명제이다. 그리고 낙태는 무고한 생명을 의도적으로 앗아가는 행위이라는 것이 하나의 전제이다. 그러나 이 전제만으로는 결론이 타당하게 도출되지 않는다. 여기에는 무고한 생명을 의도적으로 앗아가는 행위는 살인이라는 또 하나의 전제가 생략되어 있다. 따라서 이 함축된 전제를 덧붙여야 타당한 논증이 성립한다.

이제 다음의 예에서 숨은 전제를 찾아보자.

비가 그 책을 읽을 수 있냐고? 물론이지. 그 친구는 영어를 잘해.

3) 논증의 구조 재구성

논증 중에서 결론을 제외하면, 나머지는 이 결론이 참임을 뒷받침하기 위한 전제라고 할 수 있다. 그런데 이 전제들은 다양한 방식으로 이 역할을 담당하고 있다. 우리가 그 전제들과 결론의 관계를 명료하게 파악하기 위해서는 이들이 서로 맺고 있는 관계, 즉 논증의 구조를 재구성해볼 필요가 있다. 이를 흔히 논증 구조도라고 부르는데, 이를 다음과 같이 그려볼 수 있다.

단 순 형	
전 제 ↓ 결 론	전제: 그는 항상 거짓말을 한다. 결론: 그의 말은 믿을 수 없다.

단순형에서는 이처럼 하나의 전제가 결론을 지지한다. 그러나 이처럼 단 하나의 전제가 결론을 지지하는 것이 아니라, 전제가 둘 이상인 복잡한 논증도 있다. 그런 논증에서 그 전제와 결론 사이의 관계를 따져 보면, 기본적으로 몇 가지 유형으로 나뉜다. 우선 전제가 둘 이상일 때, 전제가

각각 결론을 완전하게는 아니지만 부분적으로 지지하는 경우다. 이를 논증의 병렬형이라고 부른다. 또 둘 이상의 전제가 결합해서 결론을 지지하는 경우가 있는데, 이를 결합형이라고 부른다. 병렬형에서는 각 전제가 서로 독립적으로 결론을 지지한다면, 결합형에서는 각 전제가 서로 결합해야 결론을 지지할 수 있다. 나아가 어떤 전제가 중간 결론을 지지하고, 그 중간 결론이 다시 전제가 되어 최종 결론을 지지하는 경우도 있는데, 이는 연쇄형이라고 부른다.

병렬형	
전제1 전제2 전제3 ↘ ↓ ↙ 결론	**전제1:** 유가가 치솟아 큰 차는 연료비가 아주 많이 든다. **전제2:** 초보자인 네가 큰 차를 주차하는 것은 쉽지 않다. **전제3:** 큰 차는 자동차 세금이 많이 나온다. **결론:** 소형차를 사는 것이 현명하다.

이처럼 병렬형에서는 여러 개의 전제들이 서로 독립적으로 각각 결론을 지지한다. 따라서 각 전제는 다른 전제들이 없더라도 결론을 지지할 수 있다.

결합형	
전제1 + 전제2 ↓ 결론	**전제1:** 만약 내가 마당 있는 집을 마련한다면, 정원을 가꿀 것이다. **전제2:** 나는 마당 있는 집을 마련했다. **결론:** 나는 정원을 가꿀 것이다.

위의 예시와 같이 결합형에서는 전제들이 각각 독립적이 아니라 서로 결합해서 결론을 지지한다. 전제1만으로 또는 전제2만으로 결론을 이끌어내기 어렵다. 따라서 전제1과 전제2가 결합하여 결론을 지지하고 있는 것이다. 물론 여기에서는 하나의 전제나 결론이 암시되어 있기만 하는 경우도 있을 수 있다.

연 쇄 형	
전제1 + 전제2 ↓ 중간 결론 + 전제3 ↓ 최종 결론	전제1: 소크라테스가 독배를 마신다면, 죽을 것이다. 전제2: 소크라테스는 독배를 마신다. 중간 결론: 소크라테스는 죽을 것이다. 전제3: 소크라테스가 죽는다면, 크산티페가 슬퍼할 것이다. 최종 결론: 크산티페는 슬퍼할 것이다.

연쇄형에서는 하나의 전제 혹은 여러 개의 전제들로부터 일단 어떤 결론(중간결론)이 도출된 후, 이 결론이 다시 전제가 되어 이로부터 또 다른 결론(최종결론)을 도출한다.

4) 논증의 타당성 평가

앞 장에서 공부한 논증의 유형들에 기초하여, 어떤 논증에서 사용하는 추론이 타당한지 여부를 평가할 수 있다. 가령 연역 논증에서 어떤 논증이 타당하다고 함은 그 논증의 구조적 관점에서만 평가하는 것이지, 그 논증의 실제 내용들의 참과 거짓 여부와는 무관하다.

다음 논증의 타당성과 건전성에 대해 평가해보자.

> 모든 강아지는 포유류이다.
> 모든 포유류는 동물이다.
> 따라서 모든 강아지는 동물이다.

이 논증에서 사용하는 추론은 타당하다. 또 다른 논증을 살펴보자.

모든 사람은 날개를 가지고 있다.
나는 사람이다.
따라서 나는 날개를 가지고 있다.

이 논증에서 사용하는 추론도 타당하다. (그러나 물론 첫 번째 전제가 거짓이므로 결론은 거짓이다.)

다음 예도 살펴보자.

모든 코끼리는 포유류이다.
나는 포유류이다.
그러므로 나는 코끼리이다.

이 논증은 타당하지 않다. (전제들이 각각 참임에도 불구하고 결론이 거짓이 되는데 그 이유는 이 논증이 타당하지 않기 때문이다.)

5) 논증의 건전성 평가

논증에서는 결론이 참임을 뒷받침하기 위해 어떤 전제를 내세우지만, 이 전제가 항상 참인 것은 아니다. 논증자는 때로는 잘못 판단하거나 의도적으로 참이 아닌 전제를 내세워 결론이 참임을 뒷받침하려고 하기도 한다.

만일 논증의 실제 내용들, 즉 전제들과 결론의 참과 거짓 여부를 논증의 평가에 포함시키면, 논증의 타당성을 넘어 논증의 건전성에 대해 평가하는 것이 된다. 추론이 타당하고 전제들도 참인 경우, 이러한 논증을 건전하다고 부른다. 그러나 추론이 타당함에도 불구하고 전제가 거짓이기 때문에 결론이 거짓인 경우도 있는데, 이 경우 추론은 건전하지 않다고 부른다.

다음 예를 보자.

내가 인간이라면 나는 동물이다.
나는 인간이다.
그러므로 나는 동물이다.

이 경우 추론은 물론 타당하다. 전형적인 삼단논법에 따른 올바른 연역 논증이기 때문이다. 그리고 결론 역시 참이라고 할 수 있다. 두 가지 전제(대전제와 소전제) 모두 참이기 때문이다. 따라서 이 추론은 건전하다.

그러나 다음 예는 어떤가?

만약 내가 날 수 있다면 나는 조류이다.
나는 날 수 있다.
그러므로 나는 조류이다.

여기에서 추론 자체는 타당하다. 전형적인 삼단논법에 따른 올바른 연역 논증이기 때문이다. 그러나 결론을 참이라고 할 수 없다. 타당한 추론을 거쳤음에도 불구하고 결론이 거짓인 이유는 무엇인가? 바로 전제가 참이 아니기 때문이다. 따라서 이 추론은 타당하지만 건전하지는 않다.

만약 내가 사람이라면 나는 포유류이다.
나는 포유류다.
그러므로 나는 사람이다.

전제들이 모두 참이고 결론도 참임에도 불구하고, 이 논증은 추론 규칙을 어기고 있기 때문에 타당하지 않고 따라서 건전하지도 않다.

요/점/정/리

- **논증 구조**: 단순형, 병렬형, 결합형, 연쇄형
- **논증의 타당성**: 전제들이 모두 참이라면 그 결론 또한 반드시 참인 형식적 구조를 갖추고 있을 때 그 논증을 타당한 논증이라 한다. 전제의 명제가 실제로 참인가 아닌가는 타당성과 관계가 없다.
- **논증의 건전성**: 실제로 참인 전제들로 인해 결론의 참이 보장되는 성질. 형식적으로 타당하다 해도 전제들이 거짓일 경우 건전하지 못한 논증이 된다.

활/동/과/제

1. 다음은 윌리암 페일리의 『자연신학』에 실린 신의 존재에 대한 증명을 풀어쓴 것이다. 이른바 '설계 논증'이라고 불리는 이 글을 읽고 논증 유형을 확인하고, 전제와 결론을 찾아 논증을 재구성해보라.

> 들판을 지니다가 돌이 발에 채였다고 치자. 그 돌이 어떻게 거기 있게 되었는지 묻는다면, 그 돌은 원래 거기 있었다고 대답할 수 있다. 하지만 땅에 떨어진 시계를 발견했다고 치자. 그 시계가 어떻게 거기 있게 되었는지 묻는다면, 돌에 대해 대답한 것처럼 대답할 수는 없다. 왜 그럴까? 시계는 모든 부분이 시간을 가리킨다는 목적에 맞게끔 조직되어 있다. 따라서 우리는 그 시계를 만든 제조자가 있었다고 결론을 내릴 수밖에 없다. 누군가 그 시계의 구조를 이해하고 그 시계를 설계했다. 시계가 설계에 의해 만들어졌다는 증거는 자연의 작품들에도 있다. 그런데 자연의 작품이 시계보다 훨씬 더 복잡하다. 자연의 작품은 인간이 만든 어떠한 물건보다도 훨씬 더 복잡하고 목적에 적합하다.

1) 이 논증은 어떤 유형인가?

2) 이 논증의 전제와 결론은 무엇인가?

3) 이 논증을 재구성하라.

2. 다음 예문은 데이비드 흄의 『자연종교에 대한 대화』에 나오는, 설계 논증에 대한 반박이다. 이 논증은 귀류법으로 구성되어 있다. 논증 구조를 분석해보자.

집처럼 세계에도 창조자가 있다고 가정해보자. 그런데 집이 완벽하지 않을 때 누가 비난받아야 하는가를 우리는 알고 있다. 그것은 집을 만들어낸 목수나 벽돌공일 것이다. 그런데 이 세계 역시 전적으로 완벽하지는 않다. 따라서 세계의 창조자도 완벽하지 않다는 결론이 따라 나오는 것으로 여겨진다. 그러나 당신은 이 결론이 불합리하다고 생각할 것이다. 이 불합리를 피하는 유일한 방법은 그런 결론으로 이끈 가정을 거부하는 것이다. 따라서 세계에는 집과 같은 방식의 창조자는 없다.

3. 철학자 라이프니츠는 우리가 사는 바로 이 세계가 모든 가능한 세계 중에서 가장 좋은 세계라고 주장했다. 이러한 주장에 대해 다음과 같이 비판한다면, 그 안에 담긴 논증은 타당하고 건전한가?

만일 라이프니츠가 말한 대로 이 세계가 모든 가능한 세계 중에서 가장 좋은 세계라면, 이 세상은 평화로울 것이다. 하지만 이 세상은 평화롭지 않다. 그러니까 이 세계가 모든 가능한 세계 중에서 가장 좋은 세계라고 할 수 없다.

4. 논증의 오류

- 건국 화장품은 세계의 여성이 애용하고 있습니다. 아름다운 여성의 필수품, 건국 화장품을 소개합니다.
- 이 화장품이 얼마나 좋은 화장품인 줄 아니? 그 유명한 탤런트 김태희도 언제나 이 화장품만 쓴다는 말 들어 봤지?
- 하느님은 무엇이든지 할 수 있다. 따라서 하느님은 자신이 들 수 없을 정도로 무거운 바위를 만들 수 있다.
- 저 사람의 말은 믿을 만한 게 못 돼. 저 사람은 전과자거든.
- 오빤 뭘 잘했다고 그래? 오빤 더 하더라 뭐.
- 하나를 보면 열을 안다고, 너 지금 행동하는 걸 보니 형편없는 애구나.
- 컴퓨터와 사람은 유사한 점이 많아. 그러니 컴퓨터도 사람처럼 감정을 느낄 거야.
- 귀신은 분명히 있어. 귀신이 없다고 증명한 사람이 이제까지 없었거든.
- 너희들 왜 먹을 것 갖고 싸우니? 빨리 방에 들어가서 공부나 해!
- 빌린 물건은 주인이 달라고 하면 언제든지 돌려주어야 하는 법 아닌가. 그러니 그 친구가 화가 나서 자기 아내를 죽이려는 걸 알았지만 난들 어떻게 하겠나. 자기 칼을 돌려 달라니 돌려줄 수밖에.
- 아니, 그 사람을 벌금 3만 원만 받고 풀어줘요? 그 사람을 피하려다가 차가 충돌해서 두 사람이나 죽었는데, 그런 살인자를 가만 놔두는 법이 어디 있어요?
- 나트륨이나 염소는 유독성 물질이야. 그러니 염화나트륨도 유독성 물질이지.
- 염화나트륨은 독성이 없어. 그러니 나트륨이나 염소도 독성이 없긴 마찬가지지.
- 검사가 살인 용의자에게 물었다. “왜 사람을 죽였소?”
- 모든 인간은 죄인입니다. 따라서 모든 인간은 감옥에 가야 합니다.
- 그 친구, 정신병원에 보내야 하는 것 아냐? 요즘 세상에 뇌물을 마다하다니, 미치지 않고서야 어떻게 그럴 수가 있어?

- "우리는 우리의 친구들에 대하여 험담해서는 안 된다." "그래요? 그러면 선생님에 대한 험담은 상관없겠네요."
- 운동장이랑 교실은 다 둘러봤는데, 그럼 학교는 어디에 있습니까?
- 동전을 5번 던졌는데 모두 앞면이 나왔어. 그러니까 다음에는 뒷면이 나올 확률이 높지.

1) 형식적 오류

가. 타당한 논증 형식	(1) 선결문제요구의 오류(순환논리) (2) 자가당착(자기모순)의 오류
나. 부당한 논증 형식	(3) 전건부정의 오류 (4) 후건긍정의 오류 (5) 선언지긍정의 오류

2) 비형식적 오류

가. 심리적 오류	(6) 동정(연민)에의 호소 (7) 공포(위험, 위협)에의 호소 (8) 대중에의 호소 (9) 부적합한 권위에의 호소 (10) 인신공격의 오류 (11) 정황에의 호소 (12) 피장파장의 오류 (13) 우물에 독 뿌리기

나. 자료적 오류	(14) 성급한 일반화의 오류 (15) 잘못된 유비추리의 오류 (16) 도박사의 오류 (17) 무지에의 호소 (18) 원칙 혼동의 오류 (19) 의도 확대의 오류 (20) 원인 오판의 오류 (21) 발생학적 오류 (22) 합성의 오류 (23) 분할의 오류 (24) 흑백사고의 오류 (25) 허수아비 공격의 오류 (26) 복합질문의 오류 (27) 목욕물을 버리면서 어린애까지 버리는 오류 (28) 논점일탈의 오류
다. 언어적 오류	(29) 애매어의 오류 (30) 은밀한 재정의의 오류 (31) 강조의 오류 (32) 범주의 오류

3장

비판적 사고의 적용

1. 텍스트 이해와 평가

우리는 살아가면서 수많은 정보와 의견을 담은 텍스트를 보게 된다. 텍스트는 문자로 된 것 뿐만 아니라 문자로 되어 있지 않아도 정보나 의견을 담고 있는 모든 것들을 포함한다. 이때 우리는 비판적 사고를 통해 텍스트를 이해하고 평가할 수 있어야 한다. 즉, 텍스트 안에 담겨 있는 논리적 요소들을 뜯어보고 종합적인 시각에서 텍스트를 둘러싼 여러 맥락과 관점들도 함께 고려해야 한다.

1) 텍스트를 잘 이해하려면

우리는 어떤 텍스트를 평가하기 전에 먼저 그 텍스트의 내용을 분명하고 정확하게 파악할 필요가 있다. 텍스트를 오해하고서 내리는 평가는 좋은 평가일 리 없기 때문이다. 그렇다면 텍스트를 어떻게 이해해야 하는 것일까? 우리는 텍스트 안에 제시된 요소들을 뜯어보아 생각할 수도 있고, 다른 한편 텍스트 밖의 요소들, 즉 그 저자의 의도, 정황, 관점을 두루 살펴보면서 생각할 수도 있다. 다음은 우리가 텍스트를 비판적으로 이해할 때 주목해야 할 여러 요소들이다.

(1) 텍스트 안에 담긴 요소들

• 쟁점이 되는 문제question at issue

문제 상황을 해결하기 위해 비판적 사고는 시작되며 그런 사고를 담은 텍스트에는 반드시 문제가 제시되어 있다. 문제가 제시되지 않은 텍스트도 존재하지만 학문적이거나 논증적인 글은 반드시 문제를 제시하고 그 문제를 해결하는 과정을 드러낸다.

• 개념concept

텍스트 안에는 주요 개념들이 등장한다. 그 개념들은 사전적으로 잘 정의되고 일치된 것들도 있지만 입장들 간에 일치가 어려운 개념들도 있다. 텍스트에 따라서는 개념적 논쟁이 주요 문제인 경우도 있다. 철학적 텍스트들이 대개 그러하다. 이때 개념들은 분명하고 명료해야 한다. 즉 이중적으로 해석되거나 모호하지 않아야 한다.

• 정보information

텍스트 안에는 사실에 관한 정보들이 담겨 있다. 텍스트에 따라서는 정보의 요소가 주가 되는 것들도 있다. 사회과학, 자연과학 등의 텍스트가 대개 그러하다. 이때 텍스트 안의 정보는 결론에 관련성이 있어야 하고 그 결론을 지지하기에 충분해야 하며 사실에 부합해야 한다.

• **전제**premise

전제는 결론에 이르는 논거를 말한다. 어떤 전제는 명시적으로 드러나 있지 않기도 한데 이를 숨은 전제라고 한다. 숨은 전제까지도 잘 분석해 내는 것이 좋은 분석이다. 우리가 어떤 논증의 결론을 제대로 받아들일 수 있으려면, 논증을 구성하는 숨은 전제들도 참인지, 그 전제들이 결론을 논리적으로 지지하는지 검토해봐야 한다.

참고
일상적인 의미의 "전제": 어떤 일을 이루기 위해 먼저 내세우는 조건, 혹은 어떤 주장을 이끌어 내는 과정에서 암묵적으로 가정하는 생각
논리학에서의 "전제": 결론을 추론해 내기 위한 기초가 되는 명제

• **결론**conclusion

전제들로부터 논리적으로 귀결되는 주장을 결론이라고 한다. 우리가 텍스트를 이해하기 위해 가정 먼저 찾아보아야 하는 것이 바로 결론이다. 결론을 알면 그 결론을 위해 제시된 논거들(전제들)도 파악할 수 있기 때문이다. 우리는 결론이 전제와 논리적 관계를 가지는지 검토해야 한다.

(2) 텍스트 밖에 있는 요소들

• **목적**purpose

텍스트는 늘 어떤 목적을 가진다. 그 목적은 새로운 대안을 찾으려는 것일 수도 있고 어떤 현상을 설명하려는 것일 수 있다. 논쟁에 뛰어들어 한쪽 입장을 지지하려는 것일 수도 있으며, 아니면 자기 심정을 그저 토로하

기 위한 것일 수도 있다. 텍스트 안에 명시적으로 제시된 목적도 있고 숨어 있는 목적도 있다. 숨어 있는 목적은 텍스트가 쓰인 맥락을 살펴보아야 드러난다.

• **함축**implication

결론은 텍스트 안에 드러나 있을 수 있지만, 함축은 텍스트 안에서는 찾아볼 수 없다. 함축은 텍스트로부터 추론할 수 있는, 더 나아간 귀결이기 때문이다. 텍스트를 잘 분석하려면 텍스트의 보이지 않는 함축도 잘 밝혀낼 수 있어야 한다. 함축은 때로는 텍스트의 저자가 원하지 않는 내용으로 귀결될 수도 있는데, 저자마저도 이를 예상치 못한 경우가 있다. 그럴 때 우리는 텍스트의 함축을 잘 분석해서 그 함축을 갖고 텍스트의 저자를 비판할 수도 있다.

• **관점**point of view

텍스트는 어떤 관점하에 만들어진다. 하지만 텍스트를 만들어 낸 이의 관점 외에도 그 문제를 바라보는 다양한 관점들을 폭넓게 다루는 텍스트가 좋은 텍스트이다. 이런 좋은 텍스트를 잘 이해하기 위해서는 독자 역시 텍스트가 다루고 있는 다양한 관점들을 식별할 수 있어야 한다.

• **맥락**context

텍스트는 늘 어떤 구체적인 시공간 속에서 특정한 독자를 의식하며 만들어진다. 이런 정황을 맥락이라고 한다. 성경이나 고대법 또는 고전문학처럼 우리 시대와 많이 다른 정황하에 만들어진 텍스트일수록 그 텍스트가 나오게 된 맥락을 분석해 내어야 그 텍스트의 전체적인 목적이 분명히 이해되는 경우가 있다.

2) 텍스트를 잘 평가하려면

분석된 요소들은 잘 제시될 수도 있고 엉성하게 제시될 수도 있다. 그래서 우리는 텍스트에 담긴 요소들에 대해 어떤 기준을 가지고 판단해야 한다. 이를 평가라고 한다. 평가의 기준들은 대체로 다음과 같다.

- 분명함clear

분명함은 애매함의 반대이다. 어떤 것이 애매하다는 것은 이중적으로, 다의적으로 해석될 수 있음을 말한다. 따라서 분명한 글이란 이중적으로, 다의적으로 해석되지 않는 글을 말한다. 우리는 어떤 텍스트에 있어 목적, 개념, 문제 등이 애매하게 제시되지는 않았는지 검토할 필요가 있다. 애매한 글은 불필요한 불일치를 양산하고 오독을 야기한다.

- 정확함accurate

정확함은 사실에 부합함을 의미한다. 텍스트에 담긴 정보가 분명하게 제시되었어도 사실에 부합하지 않는다면, 우리는 그 텍스트를 좋게 평가할 수 없다. 분명하게 제시된 정보가 늘 정확한 것은 아니다.

- 명료함precise

명료함은 모호함의 반대이다. 어떤 대상이 모호하다는 것은 뚜렷한 형체가 없어 파악이 어렵다는 것이다. 명료함은 어떤 대상을 확실하게 이해하는 데 필요한 세부사항을 제공하고 있음을 말한다. "또 만나자."는 분명한 말이지만 명료하지 않은 말이다. "내일 7시에 우리 집에서 만나자."가 명료한 표현이다.

• **적절함**relevant

적절함은 정보와 전제에 대한 기준일 경우 핵심내용과의 관련성을 의미한다. 적절함의 기준으로 볼 때, 결론을 이끌어내는 데 관련되지 않은 정보나 전제들이 제시되는 경우 좋은 평가를 받을 수 없다.

• **중요함**important

어떤 정보나 전제들이 결론에 관련성을 갖지만 모두 비중이 같은 것은 아니다. 따라서 중요함이라는 기준으로 정보나 전제들을 평가해볼 수 있다. 또한 중요함은 텍스트의 목적이나 문제에도 적용된다.

• **논리적임**logical

전제가 타당하게 결론을 잘 지지할 경우, 이를 논리적이라고 한다. 이때 우리는 전제와 결론 사이의 논리성을 살피고 전제들끼리도 논리적으로 잘 연결되어 있는지를 살펴보아야 한다. 논리성은 학문적인 텍스트나, 어떤 주제나 문제에 관해 설득력 있게 제시하는 텍스트에서 가장 중요한 평가기준이라 할 수 있다.

• **정합적임**coherent

어떤 이론이나 생각 안에 있는 주장들이 서로 충돌하지 않고, 즉 모순을 일으키지 않고 조화를 이룰 때에 이를 정합적이라고 한다. 예컨대 사후세계가 실제 있고 없고를 떠나서 그에 관한 이론이나 생각은 사실과 합치하지 않더라도 정합적일 수 있다. 그리고 그 이론이나 생각 속에 있는 주장들끼리 논리적 도출관계에 있지 않더라도 주장들은 서로 정합적일 수 있다.

• **충분함**enough

결론을 내리기에 필요한 논거들이 다 제시되었을 경우 이를 충분하다고 한다. 어떤 전제는 결론과 적절하고 논리적인 관계에 있지만, 충분하지 않을 수 있다. 그 전제가 다른 전제들의 보충을 받아야 그 결론을 강화할 수 있을 경우에 말이다.

• **폭넓음**broad

관점이나 정보는 다각도에서 검토되어야 한다. 이를 폭넓음이라고 한다. 어떤 주제에 관해 여러 가지 측면을 고찰할 줄 아는 내용의 다양성을 의미한다.

• **깊이 있음**deep

문제에 대한 접근방식이 일상적이고 피상적인 차원에서 머무를 경우 문제 해결이 어렵다. 결과적이거나 근시안적인 사고가 아니라 사안의 본질을 따지는 사고를 할 경우, 우리는 심층적 차원에서 문제의 제한성과 연관성을 면밀히 분석할 필요가 있다. 이러한 전체적 사고가 바로 '깊이 있음'이다.

3) 텍스트의 분석과 평가

(1) 제시문

만약 지구가 움직인다고 생각해 보자. 그러면 지구의 무게는 다른 물체보다 엄청나게 무겁기 때문에 지상의 어느 물체보다도 빨리 낙하할 것이다. 동물이나 집같이 상대적으로 가벼운 물체들은 공중에 떠서 뒤에 남게 되고,

지구 자체는 굉장한 속도로 낙하해서 우주 밖으로 날아가 버릴 것이다. 그러니 어떻게 지구가 움직이겠는가? 당치도 않은 얘기이다.

(2) 분석하기(예시)

- 쟁점이 되는 문제: 지구가 움직이는가?
- 개념: 무게, 낙하, 움직임, 물체, 우주
- 정보: 지구는 동물이나 집 같은 물체보다 엄청나게 무겁다.
- 전제: 만일 지구가 움직인다면, 그리고 지구가 엄청나게 무겁다면 지구는 굉장한 속도로 낙하해서 우주 밖으로 날아가 버릴 것이다.
  지구는 동물이나 집 같은 물체보다 엄청나게 무겁다.
  (숨은 전제1: 무거운 물체는 가벼운 물체보다 더 빨리 낙하한다.)
  (숨은 전제2: 굉장한 속도로 낙하하는 물체는 우주 밖으로 날아가 버린다.)
  (숨은 전제3: 지구는 우주 밖으로 날아가 버리지 않았다.)
- 결론: 지구는 움직이지 않는다.
- 목적: 지구가 움직인다는 과학적 견해를 논박하는 것.
- 함축: 우주의 중심은 지구이고 모든 천체는 지구의 둘레를 돈다.
- 관점: 지동설에 반대하는 관점. 자연과학적 관점.
- 맥락: 지동설을 주장하는 과학자들을 상대로 쓴 글이다.

(3) 평가하기(예시)

- 문제를 좀 더 분명하게 제시해야 한다. 지구가 움직인다는 것이 자전을 의미하는지, 공전을 의미하는지 분명히 밝혀야 한다.
- 개념이 분명하지 않은 것들이 있다. '무게'가 인력의 견지에서 정의되는

지 일상적 견지에서 정의되는지 밝혀져야 한다. '낙하'의 개념도 모호하다. 우주에서 낙하 개념을 말하려면 위, 아래의 방향성이 전제되어야 하는데 우주에 있어 위, 아래 기준이 제시되어 있지 않다.

- 정보는 정확하지만 이것이 결론에 적절한 정브는 아니다. 적절하고 중요한 정보들이 많이 누락되어 있다.
- 숨은 전제1과 3은 정확하지만, 전제2는 정확하지 않다. 즉 사실에 부합하지 않는다. 숨은 전제2는 입증되지 않은 또 다른 숨은 전제를 필요로 한다. 그것은 우주 안에 위, 아래 기준이 있고 우주에서의 낙하라는 개념이 성립한다는 전제이다. 숨은 전제2와 또 다른 숨은 전제들은 입증이 반드시 필요한데 입증되지 않은 채 숨어 있기 때문에, 위 글의 전제들은 결론을 지지하기에 충분하지 않다.
- 지동설을 지지하는 관점이 잘 검토되고 있지 않다. 폭넓지 못한 관점을 드러내고 있다.

활/동/과/제

다음 글을 읽고 분석과 평가를 해보자.

"강아지? 먹으면 뭐 어때?"

① 미국의 유명 소설가인 조나단 사프란 포어는 월스트리트 저널에 기고한 글에서 "보신탕을 먹는 게 뭐가 문제냐"고 전했다. 포어는 『모든 것이 밝혀졌다』, 『엄청나게 시끄럽고 믿을 수 없게 가까운』 등의 소설로 국내에도 친숙한 소설가다.

② '프랑스 사람들은 강아지를 끔찍이도 아끼지만, 말을 식용한다', '스페인 사람들은 말을 끔찍이도 아끼지만, 소를 식용한다', '인도 사람들은 소를 끔찍이도 아끼지만, 개를 식용한다.' 포어는 조지 오웰의 소설 『동물 농장』에 나온 부분을 인용해 "모든 동물들은 평등하지만, 저마다 '평등한 기준'이 다 다르다"고 전했다. 이에 따라 포어가 말하는 '개를 먹지 말자는 반대편의 논리'는 다음과 같다.

③ 첫째, 애완동물을 먹지 말자는 것이다. 하지만 개가 식용되는 지역마다 모두 개가 애완동물은 아니다. 또 애완동물이 없는 사람들은 어떡할까? 그들이 저녁만찬으로 개를 먹으면 우리는 뭐라고 반박할 수 있을까?

④ 둘째, 일정한 지적 수준을 가진 동물을 먹지 말 것이다. 만약 개가 우리가 말하는 '지적 수준'을 갖고 있다면 개한테 좋은 거다. 하지만 사람에 따라 돼지, 소, 닭도 그런 지적 수준을 가지고 있다고 느낄 것이다. 여기엔 심한 장애나 결함을 가진 사람들도 포함될 수 있다.

⑤ 이 같은 반대편의 논리는 일종의 '금기시된 습관'에 근거한다. 애완동물인 개를 식용대상으로 삼는 것은 자신의 용변을 가지고 손으로 장난을 치고, 여동생에게 키스를 하는 것과 다름없다. 물론 '여동생 키스'나 '용변 손장난' 등은 보편적으로 좋지 않은 행위이지만 개를 식용하는 것은 여러 지역에서 금기시되고 있지 않다. 제대로만 요리한다면 개고기는 그 어떤 육식류보다 안전하고 건강식이다.

⑥ 따지고 보면 개고기만큼 '혈통'을 따져가며 먹을 '품위 있는' 고기도 없다. 4세기 고대 무덤에선 다른 동물들과 함께 개고기도 같이 요리했다는 벽화를 발견할 수 있다. 고대 그리스 의사 히포크라테스는 "개고기는 힘의 원천"이라고도 했다.

다코타 인디언들은 개의 간장(肝腸) 부위를 즐겨 먹었으며, 하와이 사람들도 개의 뇌와 피를 먹었다. 중국인과 한국인은 일종의 치료 목적으로 먹었다.

⑦ 미국에서는 300만~400만 마리의 개와 고양이가 각 동물보호센터에서 안락사 당한다. 그 시체는 고스란히 식물을 심고 생산하는 먹이사슬의 일부가 된다. 더 이상 굳이 '개고기는 먹으면 안 된다'느니 하는 중간 단계를 생략해도 우린 이미 개를 먹고 있다는 것이다. 만약 우리가 '개는 개'이라는 인식과 함께, 각자 저마다 용도로 개를 키우면, 큰 힘을 들이지 않아도 지속 가능한 육식생활을 영위할 수 있다. 공장 방식의 축산 농장이 얼마나 잘못됐는지 우린 수많은 영상자료로 확인해왔다.

⑧ 음식마저 '합리성'을 따질 필요가 없다. 음식은 문화고, 습관이고, 정체성이고, 열망이다. 개를 식용하는 것은 완벽하게도 합당한 일이다. 우리의 '합리성' 이전에 본능이 먼저이고, 그게 가장 중요한 것 아니겠는가.

(이신영 기자, 조선일보, 2009.11.02.)

1. 분석하기

- 문제:

- 개념:

- 정보:

- 전제:

- 결론:

- 목적:

- 함축:

- 관점:

- 맥락:

2. 평가하기

2. 토론을 위한 준비

1) 내실 있는 토론을 하려면

토론이 내실 있게 진행되기 위해서는 각 주제에 대한 준비 작업이 충실하게 이루어져야 한다. 토론은 단순히 평소의 생각을 제시하는 것만으로 충분하지 않다. 논의를 전개하기 위해서는 자신의 주장을 정당화하는 논거와 근거를 제시하면서 타인을 설득해야 하기 때문이다. 이때 정당화하는 논거와 근거는 사실에 대한 여러 가지 정보들과 현대까지 학문이 이룩한 이론적 성과에 근거하여 제시되어야 한다. 따라서 형식적으로 토론은 최소한 특정 주장을 강력히 제시하는 발표자를 전제로 한다. 발표자는 자신의 주장을 청중들에게 알기 쉽게 제시해야 하며 여러 가지 방식으로 청중들을 설득해야 한다. 그러나 여러 가지 기술적인 설득술을 전개하지 못한다고 하더라도 발표자는 최소한 자신의 주장을 논리적으로 정식화하여 제시할 의무가 있다.

하지만 모든 토론이 반드시 이렇게 발표자를 중심으로 이루어지는 것은 아니다. 일상에서의 토론은 수시로 부닥치는 상황이다. 최소한 두 명만 있으면 토론은 이루어질 수 있다. 물론 이런 토론이 엄밀한 논리성이나 일관성, 주장의 명료성을 모두 갖추고 있는 것은 아니다. 반드시 그런 것은 아니지만, 일상적 상황에서 부닥치는 토론은 단순한 기호적 차이나 정서적 차이 또는 개인적인 갈등 상황에서 나오는 경우가 많으며, 그 결말도 논리적인 일관성이나 보편적 가치들의 수준에서 결정된다기보다 감정이나 욕망, 선호 등의 다소 친소정도에 의해 결정되는 경우가 많다.

일상적인 토론의 경우에도 보다 논리적이고 사회적인 차원에서 쟁점이 되는 토론이 행해지기도 한다. 이런 경우, 토론은 비록 친한 사이에서 이루어지는 것이라고 할지라도 보다 엄밀한 정보와 논리에 근거해야 한다. 그리고 이렇게 되면 토론은 정보 수집과 자료 취합, 쟁점 찾기, 논거 세우기, 주장 세우기 등의 과정을 거쳐야만 내실 있는 토론이 될 수 있다. 둘이 논쟁을 할 때에는 사회자가 없고 양자 간의 논의로 토론이 이루어진다. 그러나 사회적 쟁점이 되는 공청회나 세미나 등에서의 토론은 단순히 둘 간의 토론으로 끝나는 것이 아니다. 다수의 청중과 함께하는 토론이거나 아니면 소수 몇 명이 함께 찬반양론으로 갈라져서 토론을 하는 경우가 대부분이다.

특정 개인들 간의 토론이 아닌 경우, 일반적으로 토론에는 사회자가 있는 것이 좋다. 사회자는 토론이 겉돌지 않도록 논점을 잡아주고 쟁점을 명확히 하면서 토론을 이끌어가는 역할을 한다. 하지만 토론자의 구성은 현안이 되는 토론 주제가 무엇인가에 따라 달라질 수밖에 없다. 토론 주제가 찬반양론으로 확실하게 갈라져 있을 경우, 토론자의 구성은 전혀 상반된 입장을 가진 두 입장으로 구성하는 것이 좋다. 발표 방식도 상반된 두 입장이 공동으로 자신의 입장을 발표하는 것이 가장 좋다. 하지만 현실적으로 불가피한 경우, 한쪽 입장에서 자신의 주장을 발표하고 이 발표문에 대해 논평하는 자가 반대 토론을 전개하는 방식도 취할 수 있다. 어쨌든 이런 경우, 토론은 일단 쟁점을 명료히 하는 데에서 시작되어야 한다.

그러나 모든 토론이 반드시 이런 찬반양론으로 나누어져 있는 것은 아니다. 기존의 가치나 생활 방식 또는 새로운 관점에서 문제를 제기하는 방식의 토론은 아직 찬반양론이 형성되어 있는 주제가 아니기 때문에 이 경우에는 발표자와 논평자로 구성하는 것이 좋다. 이때 논평자는 반드시 발표자에 대해 반대 입장을 가져야만 하는 것은 아니다. 논평자가 반대 입장을 가질 경우에는 이를 분명하게 제시하면 되지만 그렇지 않다 하더라도, 논평자는 발표자의 문제의식을 충분히 반영하면서 발표자의 주장이나 근거를 보충할 수 있으며, 아직 검토되지 않은 문제들을 보완하는 방식으로 논평을 할 수도 있다. 논평자는 발표 글에 대한 총평을 함으로써 이후 토론을 안내하고 토론의 문을 여는 역할을 하는 것이지 그 자체로 토론을 완성하는 것이 아니다.

특히 누구나 심각하게 생각하는 사회적 문제들에 관한 토론회의 경우, 쟁점이 주장 자체보다는 그런 문제가 발생한 원인을 진단하고 그 해결책을 모색하는 데에서 토론이 발생하는 경우가 많다. 따라서 이런 경우, 두 명의 발표자를 두는 것은 좋지 않다. 오히려 하나의 발표자를 두고 이에 대해 논평자가 논평을 하면서 쟁점을 잡아가는 것이 보다 토론을 효율적으로 이끌어갈 수 있는 방식이다. 마찬가지로 학술적인 세미나의 경우에도 새로운 학술적 가치를 가지는 이론을 제시하고 이에 대해 토론하는 방식이기 때문에 발표자와 논평자로 구성하는 것이 좋다.

〈토론의 유형〉

토론의 구체적인 유형은 여러 가지가 있다. 우리는 일상생활에서 여러 형태의 토론들을 하고 있다. 그러나 그 유형은 딱 잘라 분류하기 어렵다. 내용상 토론의 유형들을 구분해 본다면 ① 자유 형식 토론, ② 세미나 형식 토론, ③ 찬반논쟁 형식 토론, ④ 대담 형식 토론, ⑤ 인터뷰 형식 토론, ⑥ 패널 형식 토론, ⑦ 포럼 형식 토론 등이 있다. 물론 '논의, 토의(discussion)'와 '토론(debate)'을 구분하기도 한다. 그러나 토론이 반드시 '말싸움'을 연상시키는 논쟁과 동일한 것으로 보기에는 무리가 있다. 따라서 여기서는 토론을 논쟁과 동일한 말로 사용하지 않고 논의, 토의를 포함하는 것으로 사용하였다.

토론의 유형을 토론의 주제와 성격, 목적 그리고 토론자와 사회자, 청중들의 참여 정도와 구성에 따라 나눌 수도 있다. 그러나 토론을 이렇게 나누게 되면, 유형이 다양한 방식으로 구분되어 다소간 혼란을 줄 가능성이 많다. 토론의 유형을 간략히 하면, 대략적으로 토론의 목적과 내용에 따라 '자유', '세미나', '포럼' 등으로 구분할 수 있다. 그리고 여기에 토론 형태와 관련된 '찬반', '대담', '인터뷰', '패널' 등이 추가될 수 있다. 이와 같은 유형들은 겹치기도 하고 분리되기도 한다.

자유 형식의 토론은 브레인스토밍이나 마인드 맵 또는 일상적으로 사용되는 미팅과 같은, 형식과 절차가 자유롭고 창조적인 발상을 유도하는 토론인 반면 세미나 형식의 토론은 연구중심, 지식습득 중심의 전문가들 사이에서 행해지는 토론이다. 포럼 형식의 토론은 작업환경을 공유하는 집단 내부에서 전문적인 기술 또는 아이디어를 시험적으로 실시하면서 검토하거나 교육적 목적으로 행하는 토론이다. 또한 찬반논쟁 형식은 분명한 찬반양론이 있는 쟁점에 대한 논쟁적 토론이며, 대담 형식은 두세 사람이 함께 특정한 주제를 깊이 있게 논의하는 토론이다. 인터뷰 형식은 특정 주제에 대해 묻고 답하는 형식의 토론이며, 패널 형식은 특정 주제에 대해 묻고 논의를 진행하는 다수의 패널들이 구성되어 있는 토론이다.

2) 토론에 들어가기 전에

(1) 사회자의 역할과 토론 순서 알기

내실 있는 토론을 위해서는 사회자의 역할이 매우 중요하다. 독일에서는 토론 사회자를 모데라토어Moderator라고 하는데 이것은 '조정자'라는 의미를 가지고 있다. 하지만 이 말은 사회자를 너무 수동적인 역할로 제한하는 경향이 있다. 유능한 사회자는 단순히 수동적인 조정의 역할에 자신을 제한하지 않는다. 오히려 유능한 사회자는 핵심 쟁점과 주변 쟁점을 구분하고 핵심 쟁점을 중심으로 토론이 이루어지도록 이끌어간다. 아울러 유능한 사회자는 논점을 벗어나거나 지엽적인 문제들에 매달려 난상토론이 진행되는 것을 막고 핵심 쟁점을 따라 논리적으로 논의가 이르어지도록 적극적으로 안내하는 역할을 한다.

제한된 시간 안에 내실 있는 토론을 진행하기 위해서는 사회자가 발표자의 발표와 논평자의 논평, 또는 반대 발표를 듣고 나서 여기서 나온 핵심 쟁점을 구분하여 각 토론의 소주제와 논리적 순서를 잡아서 이를 제출할 필요가 있다. 물론 쟁점이 형성되지 않은 토론일 경우에는 사회자가 발표자의 문제의식과 주장 그리고 논평자의 핵심 문제제기를 간략히 정리해 주는 것이 필요하다. 만일 그렇게 하지 않는다면 난상토론이 될 가능성이 높다. 따라서 사회자가 청중들과 본격적인 토론에 들어가기 전에 발표자의 문제의식이나 쟁점들을 간략히 정리해 주고 어떤 방식으로 토론을 해 갈 것인지를 알려주는 것이 좋다. 이 경우, 사회자는 토론 주제 전반과 쟁점들을 잘 알고 있는 사람이 맡는 것이 좋다.

〈토론의 일반적 진행 순서〉

1. 찬성조와 반대조 소개
2. 토론 순서와 규칙 소개
3. 찬성조와 반대조 발표
4. 질의응답과 상호논박
5. 소주제별 집중토론
6. 결론

(2) 토론 발표문 만들기

• 자료의 취합

발표자는 발표문을 작성해야 한다. 이때 발표자는 먼저 문제의식을 집약시키는 주제를 잡고 이에 따른 자료를 모아야 한다. 오늘날 우리는 정보의 홍수 속에서 살고 있다. 특히 인터넷을 통해 떠도는 자료들은 출처가 명확하지 않고 근거 없이 작성된 자료들도 많다. 우리가 현실적으로 이런 자료들을 전부 다 볼 수는 없다. 따라서 좋은 자료들과 나쁜 자료들을 구분할 필요가 있다. 일단 출처가 불명확한 자료는 피해야 한다. 또한 사실과 추론이 분명하게 구별되는 자료, 합리적이고 공정하게 해석된 자료들이 좋은 자료라고 할 수 있다. 특히 자신의 주장을 전개할 때 보다 설득력을 높이기 위해서는 독창성과 해학성이 있고 극적인 요소가 있는 자료뿐만 아니라 관련된 주제에 대한 통계수치나 도표 등을 활용하는 것이 좋다.

• 자료의 취사선택

모든 모인 자료가 모두 다 쓸모 있는 것은 아니다. 자료를 모으는 것보다 더 중요한 것은 모인 자료를 취사선택하여 버리는 것이다. 어떤 사람들은 모으는 것보다 버리는 것이 더 중요하다고 말하기도 한다. 그런데 이런 버리는 능력은 그냥 생기는 것이 아니다. 자료들을 모아 놓고 보면 모든 정보가 다 나름대로 가치 있고 의미 있는 것처럼 느껴질 수 있다. 그래서 발표문의 분량이 한없이 늘어나기도 한다. 하지만 이것은 발표문의 명료성을 떨어뜨릴 뿐이다. 게다가 이런 경우 대부분 발표자가 자신의 발표 주제에 대한 문제의식이 명료하지 않기 때문에 발생한다. 발표자가 버리기를 잘 못하는 것은 자신이 문제 삼고 있는 것이 무엇이고 여기서 주장하고자 하는 바가 명료하지 않기 때문에 모든 것이 중요하게 여겨지는 것이다.

• 자료의 분류

자료를 잘 버리기 위해서는 분류를 잘 해야 한다. 모든 자료를 다 읽어볼 수 없기 때문에 출처가 불분명하거나 주제의식이 명확하지 않은 자료, 목차가 상투적인 것, 너무 짧거나 방만하게 편집된 자료는 버린다. 그런 이후 모은 자료를 통독하고 각 자료들을 어떤 틀로 분류할 것인지를 결정한다. 분류의 방식은 찬반양론이 갈리는 경우, 찬반양론의 틀에 따라 나누고 이를 다시 그 논거에 따라 분류할 수 있다. 반면 찬반양론이 명확하지 않는 사회적 이슈나 문제들을 다룰 때에는 자신의 문제의식을 일단 명확히 하고 이에 따라 필요한 자료를 분류하는 것이다. 사회적 문제들의 원인을 분석한 방식이나 문제를 보는 관점에 따라 분류하거나 해결책을 중심으로 취합된 정보들을 분류할 수 있다.

• 분류방식에 따라 정리하기

각 자료를 분류한 다음에는 각 분류 방식으로 모인 자료집단을 다시 묶어야 한다. 묶는 방식은 각 자료집단이 가진 특징에 따라 이루어진다. 예를 들어 분류방식이 찬반양론일 경우, 각 분류집단의 핵심 주장과 핵심 논거를 연결하여 정리해야 한다. 이때 유의해야 할 것은 핵심적인 것들과 주변적인 것들을 구분하여 체계화하는 것이다. 아울러 찬반양론이 아닌 사회적 문제들을 다루는 사안일 경우에는 이 문제를 다루는 접근 방식이나 관점 또는 원인 분석에 따라 각 주장들을 정리한다. 그런데 이때 쟁점이 있는지를 유념해서 보아야 한다. 그리고 쟁점이 있을 때에는 그 쟁점을 다시 정리해야 한다. 물론 쟁점이 없는 경우도 있다. 그런 경우에는 발표문을 더 풍부하게 할 수 있는 것들이 있는지를 찾아서 이를 중심으로 정리해야 한다.

• 쟁점에 따른 각 주장과 근거들을 연결하기

일단 각 주장이 서로 동의하고 있는 것들과 서로 부딪히고 있는 것들을 구분하는 것이 가장 중요하다. 부딪히는 쟁점이 있으면 이것을 중심으로 하여 각 주장과 그 주장을 정당화하는 근거와 논거가 무엇인지를 찾아내고 정리한다. 찬반양론이 아닌 사회적 문제들을 다루는 사안일 경우에는 접근의 기본 관점과 문제의식, 원인 분석과 해결 방안을 정리한다. 그런 이후에 각 주장과 근거들, 논의의 연결이 일관적이고 타당한지 그리고 논거가 적절한지를 검토한다. 그러나 각 주장을 단지 논리적으로만 검토해서는 불충분하다. 더 나아가 각 주장이 실제로 실현되었을 때 나타날 수 있는 문제들과 그런 주장이 내포하고 있는 실천적 효과들을 유추해 보고 그것이 애초의 문제의식이나 쟁점들에 부합하는지 그것이 나의 삶에 받아들일 만한 것인지를 살펴보아야 한다.

• 자기주장에 대한 근거 세우기

이제까지 정리했던 관점이나 주장들을 자신의 삶과 관련하여 재검토하면서 자신의 주장을 세운다. 이후 자신의 주장에 따른 각 쟁점들에 대한 관점과 비판 논점을 세우고 자기주장의 논거나 근거를 세운다. 이때 상대 주장이 어떤 감추어진 전제나 선입견을 가지고 있는지를 세밀하게 검토해야 한다. 만일 이런 전제나 선입견이 있다면 그것이 낡은 관념인지 아닌지, 정당화될 수 있는 전제인지를 다시 비판적으로 검토해야 한다. 그리고 취합된 자료 중에서 자기주장을 풍부하게 할 수 있는 자료가 있는지를 살펴보고 통계수치나 극적 요소들도 적절하게 활용한다.

(3) 토론에 요구되는 발표의 자세

발표를 단순히 정리된 내용을 읽는 것으로 생각하는 사람들이 있다. 그러나 피터 J. 파이벨만이 '세미나는 일종의 공연'이라고 했듯이 발표는 다른 사람들에게 나의 아이디어와 생각을 전달하는 하나의 '공연'이다. 발표행위를 포함하여 발표의 방식과 기제 자체가 이미 나의 주장과 생각을 설득시키는 수단이다. 아무리 좋은 생각과 참신한 아이디어라고 할지라도 효과적으로 전달되지 않는다면 그것이 가진 의미는 반감될 수밖에 없다. 특히 아이디어의 생산이 중요한 정보화 사회에서 기업환경은 점점 더 커뮤니케이션을 중시하는 문화로 바뀌어가고 있다. 창의적인 능력뿐만 아니라 집단토론, 브리핑, 프레젠테이션 능력을 두루 갖춘 사람을 요구하는 것이다. 따라서 오늘날 발표는 그 자체로 힘이다.

발표를 어떻게 할 것인지에 대한 전체적인 구성은 'SPAM', 즉 상황Situation, 목적Propose, 청중Audience, 방법Method에 따라 일관적으로 짜야 한다. 발표가 이루어지는 시간과 공간, 그리고 그것을 듣는 청중을 고려하여 자기가 발표를 통해서 얻고자 하는 목적과 그것을 실현할 수 있는 최적의 방법을 생각해야 한다. 발표의 방식에는 시청각적 효과 장치 없는 단순한 발표방식에서 시청각적 장치들, 슬라이드나 파워포인트를 이용한 방식들이 있다. 프리젠테이션물을 만들 때 유의해야 할 것은 무엇보다 ① 핵심 내용을 최대한 간명하게 요약하는 것이며 ② 한 화면에 너무 많은 내용을 넣어서도 안 된다. ③ 전체적인 틀은 일관성을 갖추어야 하며 ④ 글자보다 이미지나 소리, 동영상 등의 시청각적 효과를 적극적으로 활용하되 ⑤ 지나치게 현란한 이미지나 색채를 사용함으로써 본래의 내용에 집중할 수 없도록 해서는 안 된다.

발표력은 이론적인 지침으로 길러질 수 있는 것이 아니다. 그것은 연습과 훈련을 통해서 체득되어야 한다. 다수의 청중 앞에서 처음 발표를 하는 사람은 떨릴 수밖에 없다. 하지만 그럴수록 발표 자체에 마음에 집중하고 안정시켜야 한다. 일단 시선을 집중하고 자연스러운 어조로, 분명한 발음과 자신에 찬 목소리로 서둘지 말고 천천히 발표를 해야 한다. 발표는 훈련이기 때문에 자주 발표를 하다보면 이후 다수의 청중 앞에 서는 것이 자연스러워질 것이다. 그러면 청중과 내가 같이 호흡한다는 생각으로 발표의 흐름을 타고 강약조절을 하면서 발표를 하는 능력을 키울 수 있을 것이다. 이때 자신의 생각을 보다 효과적으로 전달할 수 있는 기술들, 예를 들어 자신만의 제스처나 유머, 에피소드, 독특한 발표 방식 등을 개발하는 것도 필요하다.

활/동/과/제

각자 5분 말하기를 할 수 있도록 다음과 같은 형식의 발표문을 작성해서 발표해 보자.

1. 최근의 사회적 이슈나 주제를 선정하시오.

2. 주장, 근거, 쟁점에 대한 입장을 분명히 하시오.

이슈	작성자
한줄 논평	
개요	
쟁점	
주장	

활/동/과/제

브레인스토밍을 이용하여 사회적 사건들이나 현상들에 대한 원인을 진단하고 해결책을 도모하는 논의를 해보자.

1. 우리 사회에서 최근 드러난 여러 가지 갈등들에는 무엇이 있는가?

2. 이런 갈등들은 서로 어떻게 연결되어 있는가? 그 갈등들의 원인을 생각해보고 보다 근본적인 갈등과 부차적인 갈등들을 구분해서 서로 연결시켜보자.

3. 마인드맵을 그려본다. 마인드맵은 다음의 원칙에 따라 그린다.

① 문제나 정보의 중심어나 중심 이미지는 용지의 중앙에 온다.

② 생각은 판단에 얽매이지 않고 자유롭게 흐르게 한다.

③ 핵심어로 생각을 표현한다.

④ 하나의 핵심어에 하나의 선을 부여한다.

⑤ 핵심어들은 선으로 중앙의 중심어와 연결한다.

⑥ 색상을 이용해서 생각을 강조한다.

⑦ 이미지와 상징적 기호를 사용해서 생각을 강조하고 두뇌가 다른 연결을 만들어내도록 자극한다.

4. 완성된 마인드맵을 중심으로 발표하자.

2부
주요 토론 논제

비판적 사고와 토론

1장 인간은 본래 선한가, 악한가

우리는 때로 어떤 사람이 타인의 목숨을 구하기 위하여 자신의 희생을 아끼지 않았다는 소식을 접하거나, 이름을 밝히지 않은 어떤 사람이 생활이 어려운 이들에게 거액을 기부했다는 등의 얘기를 전해 들으면 '세상은 참 선한 사람들이 많아. 그래도 인간 본성은 선한가 봐.'라는 생각을 한다. 그러나 한편으로 끔찍한 살인 사건이나 사이코패스가 저지른 범죄에 관한 뉴스를 언론매체를 통하여 접하기도 한다. 그러면 살인의 동기가 있는지, 있다면 타당한지 여부와 관계없이 살인을 저지르게까지 되었다는 사실 자체로만 보아도 인간 본성이 정말 악한 것은 아닐까 되묻게 된다. 과연 인간의 본성은 어떠한 걸까.

교육적 차원에서 흔히 인성을 계발하고 함양해야 한다고 말한다. 그러나 이를 위해서는 인성을 어떻게 계발하고 어떻게 함양해야 하는가라는 방법적 문제를 논하기에 앞서, 과연 인성이란 무엇인가에 대한 이해가 선행되어야 한다. 그렇지 않으면 인성을 둘러싼 다양한 논의들이 선결문제를 해결하지 못한 채로 겉돌 수가 있기 때문이다. 이제 아래 지문을 통하여 윤리적 차원에서 인성을 어떻게 이해해 왔나 살펴봄으로써 심도 있는 논의를 해 보기로 하자.

지문1

맹자(孟子)가 말했다. 사람은 모두 남에게 차마하지 못하는 마음을 가지고 있다. 선왕께서도 남에게 차마 하지 못하는 마음이 있으셨기에 남에게 차마 하지 못하는 정치가 있으셨다. 이 불인인지심(不忍人之心)으로써 불인인지정(不忍人之政)을 행한다면 세상을 다스리는 것은 손바닥 위에서 할 수 있을 것이다. 그러므로 사람은 모두 남에게 차마 하지 못하는 마음이 있다고 하는 것이다. 지금 어떤 사람이 어린애가 막 우물로 기어들어 가는 것을 본다면 누구나 다 측은히 여기는 마음이 있게 되는데, 이것은 그 부모와의 교제를 하고자 해서도 아니고, 마을 사람들에게 명성을 얻고자 해서도 아니고, 비난의 소리가 싫어서 그러는 것도 아니다. 이 점에서 보면, 측은지심(惻隱之心)이 없으면 사람이 아니고 수오지심(羞惡之心)이 없으면 사람이 아니며 공경지심(恭敬之心)이 없으면 사람이 아니고 시비지심(是非之心)이 없으면 사람이 아니다. 측은지심은 인(仁)의 단서요, 수오지심은 의(義)의 단서이며, 공경지심은 예(禮)의 단서이고 시비지심은 지(智)의 단서이다. 사람이 이 사단(四端)을 담지하고 있음은 사지를 가지고 있는 것과 같다.

(『맹자』, 「공손추 상」)

맹자가 말했다. (성[본성]을 따라 발동한) 그 실질[情]을 따르면 선할 수가 있는데, 이것이 이른바 (성[본성]이) 선하다는 것이다. 만약 불선한 일을 하게 된다면, 이것은 타고난 재질의 잘못이 아니다. 측은지심은 사람이면 모두 가지고 있고, 수오지심도 사람이면 모두 가지고 있으며, 공경지심도 사람이면 모두 가지고 있고, 시비지심도 사람이면 모두 가지고 있다. 측은지심은 인이고, 수오지심은 의이고, 공경지심은 예이고, 시비지심은 지이다. 인의예지는 밖으로부터 나에게 주어진 것이 아니고, 내가 고유하게 가지고 있는 것인데, 사람들이 생각하지 못할 뿐이다. 그러므로 '구하면 얻고, 버리면 잃는다.'라고 말했다. 사람과 사람의 차이가 한 배, 다섯 배, 심지어 무수한 차이가 나는 것은 그들이 가지고 있는 본성의 재질을 충분히 발휘하지 못하기 때문이다. 『시경』에서 이렇게 말했다. "하늘이 뭇 백성을 생육하니, 사물이 있으면 법칙이 있다. 사람들이 이런 불변의 법칙을 가지고 있으니, 아름다운 품덕을 좋아한다." 그래서 공자가 말하기를 "이 시를 지은 사람은 도를 이해하는 사람이 아니겠는가? 사물이 있으면 반드시 그 법칙이 있고, 사람들이 떳떳한 품성[常性]을 가지고 있으니 이 아름다운 품덕을 좋아한다."

(『맹자』, 「고자 상」)

맹자(孟子: BC 372?~BC 289?): 공자(BC 551~BC 479)의 학문과 사상을 계승한 맹자는 제후들이 천하를 차지하려고 전쟁을 일삼은 전국시대에 살았다. 그는 욕망과 이익, 그리고 약육강식에 매달리던 당시의 분위기 속에서 선천적으로 선(善)한 인간의 도덕 본성을 주장하였다. 그는 항상 백성이 나라의 근본이라는 민본주의(民本主義)와 인(仁)의 덕을 백성에게 펴는 왕도정치(王道政治)를 제창한 유가 철학자이다.

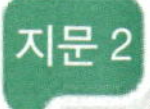

예(禮)는 어디에서 기원했는가? 순자(荀子)가 말했다. 사람은 태어날 때부터 욕심을 가지고 있다. 욕심을 부려도 채워지지 않으면 (그것을 끝없이) 추구하지 않을 수가 없다. 욕심을 추구하는 데 있어서 일정한 분수와 한계가 없으면 서로 다투지 않을 수 없고, 서로 다투면 사회가 혼란해지고, 사회가 혼란해지면 (한정된 재화가) 바닥이 난다. 선왕(先王)은 이러한 혼란을 싫어했다. 그래서 예의를 제정하여 사람마다 분수를 정하고, (그 분수에 따라) 사람의 욕심을 정도에 맞게 길러주고 사람의 욕구를 채워 주었다. 또 욕심이 결코 재화를 바닥에 이르지 않도록 하고, 재화가 욕심 때문에 바닥나는 일이 없도록 하여, 이 두 가지 욕망과 재화가 상호 연관적으로 유지되어 나가도록 하였다.

(『순자』, 「예론」)

인간의 본성은 악하고 그것의 선은 인위의 결과다. 인간의 본성이란 태어나면서부터 이익을 좋아하는 마음이다. 이런 본성을 따르기 때문에 남과 쟁탈하게 되고 사양하는 마음이 없게 된다. 태어나면서부터 질투하고 미워하는 마음이 있는데, 그러한 본성을 따르기 때문에 남을 해치는 일이 생기고 성실과 신의가 없게 된다. 태어나면서부터 눈과 귀는 아름다운 색과 아름다운 소리를 좋아하는 본성이 있는데, 이 본성을 따르기 때문에 무절제가 생기고 예의와 도리가 없게 된다. 그렇다면 인간의 본성을 따르고 인간 본래의 감정에 따르면 반드시 쟁탈로 나아가 직분을 무시하고 도리를 어지럽혀 폭력으로 귀결되게 된다. 따라서 반드시 스승에 의한 규범의 감화와 예의에 의한 교도가 있은 연후에야 사양하는 데로 나아가서 규범적 도리에 합치하게 되고 사회적 안정으로 귀착하게 된다. 이로써 본다면 인간의 본성은 악한 것이 분명하다. 선은 인위적 결과일 뿐이다.

(『순자』, 「성악」)

순자(荀子, BC 298~BC 238): 유가철학자로서 전국시대 말기 맹자(孟子)의 성선설(性善說)을 비판하고 성악설(性惡說)을 주장하였다. 순자는 태어나면서부터 욕망을 지닌 인간이 필연적으로 사회 속에 악을 발생시킬 수밖에 없다고 여겼다. 내적 수양이 아닌 외부의 예의(禮義)를 강조하였으며, 인간은 후천적으로 선을 닦고 덕을 쌓을 수 있다고 보았다.

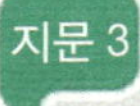

지문 3

고자(告子)가 말했다. 인성은 버드나무와 같고, 의는 버드나무로 만든 술잔과 같다. 인성을 인의(仁義)롭게 만드는 것은, 마치 버드나무로 술잔을 만드는 것과 같다. (…) 성(性)은 소용돌이치며 도는 물과 같은데, 물은 동쪽으로 터주면 동쪽으로 흐르고, 서쪽으로 터주면 서쪽으로 흐른다. 인성에 선과 불선의 구분이 없는 것은 물에 동서의 구별이 없는 것과 같다. (…) 고자는 이렇게 말했다. "성은 선하지도 않고, 불선하지도 않다." 또 어떤 사람은 이렇게 말했다. "성은 선하게 될 수도 있고, 악하게 될 수도 있다." 그러므로 주나라 문왕과 무왕이 통치할 때에는 백성들이 선을 좋아했고, 주나라 유왕과 려왕이 통치할 때는 백성들이 포악함을 좋아했다. (…) 고자가 말했다. 식욕과 성욕이 본성이다.

(『맹자』, 「고자 상」)

고자(告子, ?~?): 맹자와 같은 전국시대 사람으로 정확한 그의 사적은 알려지지 않았다. 인간본성에 관해 맹자와 대립각을 이루는 논객으로서 『맹자』에 등장한다. 고자에 따르면, 인간의 욕구는 성(性)이라고 할 수 있지만 그렇다고 해서 인간의 본성이 도덕적으로 선하거나 악하게 타고난 것은 아니다. 어떻게 교육하느냐가 중요하다. 교육에 따라서 성은 그 어느 것으로도 될 수 있는 것이다.

인간은 본래 선하다

[지문 1]에서 맹자는 사람이 금수와 구별되는 점이 다름 아닌 도덕적으로 선한 본성에 있다고 보았다. 사람의 본성이 선하다는 것은 사람이 선한 마음을 지니고 있다는 데서 알 수 있다. 그렇다면 선한 마음이 있다는 것은 어떻게 알 수가 있는가? 맹자가 예시한 정황을 보도록 하자. 지금 어떤 사람이 어린 아이가 우물에 막 빠지려는 것을 본다면, '어이쿠, 이 일을 어쩌지? 빨리 구해야 하는데.'하는 마음이 일어나게 마련이고 곧바로 어린 아이를 구하게 될 것이다. 이것은 어린 아이를 구하여 그 부모와 사귀고자 하거나 동네 사람들에게 칭찬을 받으려고 해서도 아니고, 또 구하지 않으면 듣게 될 남들의 비난의 소리가 싫어서도 아니다. 다시 말해서 결과적으로 주어질 수 있는 현실적인 이익과 손해에 대한 계산에서 비롯한 것이 아니라, 사람이 본래적으로 담지하고 있는 도덕적 본성에 바탕을 둔 것이다. 맹자에 따르면, 사람에게는 측은히 여기는 마음(측은지심) 이외에도 자신의 잘못을 부끄럽게 여기고 남의 잘못은 미워하는 마음(수오지심), 공경스런 마음(공경지심), 옳고 그름을 가리는 마음(시비지심) 등이 있다. 이 네 가지 마음의 원천이 인의예지仁義禮智이다. 인의예지는 후천적 경험의 축적에 의해 형성된 것이 아니라 선천적으로 담지하고 있는 것이다. 이 인의예지에 근거한 사단四端의 마음을 확충한다면 세상 사람들을 감싸 안을 수가 있을 것이요, 확충하지 않는다면 부모조차 섬기지 못할 것이다.

맹자는 왕도정치를 논할 때 '남에게 차마 하지 못하는 마음(불인인지심)'을 언급하였다. 『맹자』, 「양혜왕」에 다음의 일화가 적혀 있다. 어떤 사람이 흔종釁鐘(종을 새로 주조하게 되면 짐승의 피로써 종을 칠하는 의식)을 위해 소를 끌고 가는 것을 제나라 선왕宣王이 보고는 소가 두려워 벌벌 떠는 모습이 마치 무죄한 사람이 사지에 끌려가는 듯이 느껴져 그만 두라고 하였다. "그렇다면 흔종 의식을 없앨까요?"라고 묻자, "양으로 바꾸라"고 하였다. 이에 맹자는 살아 있는 짐승을 보고는 차마 그것이 죽어 가는 것을 볼 수 없어하는 마음에서 그렇게 명령을 내렸다면 금수에게까지 미친 바로 그 마음을 피폐한 민생에 시달리는 백성들에게 베풀라고 권하였다.

한편, 맹자는 왕도王道과 패도霸道의 개념을 명확히 구분하였는데, 왕도는 군주가 자신의 덕성을 바탕으로 하여 인정仁政을 펴는 것이고, 패도는 무력을 쓰면서 인정仁政을 가장한 것이다. 맹자가 강조한 왕도정치는 한 나라에 있어서 백성이 근본임을 깨닫고 백성을 귀히 여기는 민본사상에 그 뿌리를 두고 있다. 본디 정치권력은 백성에게서 나오는 것으로, 백성의 신임을 얻지 못하는 자는 정치 지도자의 자리에 앉을 수가 없다. 탕왕湯王이 하나라 폭군 걸桀을 쫓아내고 무왕武王이 은나라 폭군 주紂를 정벌한 것은, 백성의 신임을 한 몸에 안은 탕왕과 무왕이, 인의를 파괴하여 백성을 등진 일개 범부를 죽인 것에 불과한 일이다.

이 맹자의 성선설은 동기주의 윤리설의 한 형태를 띠고 있다는 점에서 선의지善意志와 양심을 통하여 도덕적 실천이 이루어져야 함을 강조한 임마누엘 칸트의 윤리학과 견주어 생각해 볼 수 있을 것이다.

◩ 인간은 본래 악하다

[지문 2]의 순자에 따르면, 인간은 본래 도덕적으로 선한 존재가 아니다. 인간은 태어날 때부터 무한한 욕구를 가지고 있기 때문에 자연상태 그대로 방치하면 제한된 재화를 두고 쟁탈을 벌일 수밖에 없다. 이러한 사회적 혼란을 미연에 방지하기 위하여 성인聖人이 예악禮樂이라

는 규범체계를 수립하였다. 예악, 짧게 줄이면 예禮는 천자로부터 서민에 이르기까지 상하의 차등적 질서를 유지하는 기틀이며 사회라는 공동체 운영의 수단이다. 예는 사람들이 배워서 행할 수 있고 노력에 의해서 성취할 수 있는 것이다.

예의 핵심은 구분[分]이다. 사회의 안정과 평화의 유지를 위해서는 분명한 사회적 직분의 구분이 있어야 하고 그에 따라 권력, 재물, 예의의 차등도 이루어진다. 인간은 예를 배워서 실천할 수 있는 이성적 변별능력이 있다. 이 변별능력에 의해 상하차등을 구분 짓는 예를 인지하고 그 효용가치를 십분 살려낼 수가 있는 것이다. 여기서 예에 대한 학습은 매우 중요하다. 이에 순자는 "굽은 나무는 반드시 쪄서 도지개(틈이 가거나 뒤틀린 활 등을 바로잡는 틀)로 교정한 뒤에라야 곧게 되고, 무뎌진 쇠는 반드시 숫돌에 간 뒤에라야 예리하게 된다. 인간의 본성이 악하니 스승과 법에 의거한 뒤에라야 바르게 되고, 예의에 따른 뒤에라야 질서가 잡힌다."고 하였다. 학습을 통하여 사회 성원 한 사람 한 사람이 예라는 규범체계를 충분히 숙지하고 그 구체적인 절목들을 익혀나가야 한다.

정치에 있어서 예법은 통치의 수단이며 군자는 바로 그 예법에 정통한 지식인이다. 이에 정치 지도자도 예를 존숭하고 현자를 존경하면 왕 노릇을 할 수 있고, 법을 중시하고 백성을 아끼면 패자霸者가 될 수 있지만, 이익을 좋아하고 속임수가 많으면 위태롭게 되고, 권모술수를 일삼고 명분을 이리저리 뒤엎고 음험함을 일삼으면 반드시 멸망하게 될 것이라고 보았다.

이 순자의 성악설은 사실 인간은 이기적 욕망 내지 욕구를 지니고 있다는 점에 근거를 두고 있으므로, 『리바이어던』에서 "만인 대 만인의 투쟁"의 자연 상태를 말한 토마스 홉스의 이기적 인성론과 비교하여 살펴볼 만하다.

◩ 인간은 본래 선하지도 악하지도 않다

[지문 3]에서 고자는 식욕과 성욕, 즉 생리적 욕구와 생물학적 본능을 인성으로 보았다. 그에 따르면 인성에는 선악이 없다. 따라서 그것은 선천적으로 선하거나 악하다고 할 수 없는 것이며 다만 인위적 환경이나 교육에 의해 후천적으로 선하게 될 수도 있고 악하게 될 수도 있다. 이러한 입장에서는 인성을 선한 쪽으로 유도하는 교육의 시행을 강조하게 되고 정치에 있어서도 사회적 규범이나 법체계를 수립하고 시행함을 통해 공동체 질서도 유지할 수 있다는 주장이 가능하다.

◩ 성선설 vs. 성악설 vs. 성무선악설

인성은 사람이라면 누구나 다 태어나면서부터 가지고 있는 보편적이며 고유한 특성으로서 다른 존재들과 구별되는 본성이다. 인간의 본성인 인성을 윤리학적 관점과 인식론적 관점이라는 두 가지 관점에서 고찰할 수가 있다.

먼저 윤리학적 관점에서 고찰한다면, 사람의 본성은 선하다(맹자), 사람의 본성은 악하다(순자), 사람의 본성은 선하지도 악하지도 않다(고자)는 등의 주장이 있다. 그런데 인성에 대한 이해를 어떻게 하느냐에 따라 교육이나 정치가 추구해야 할 목표와 그 구체적인 시행 방안이 현격하게 달라진다.

일례로 인간의 본성이 선하다는 전제를 받아들인다면, 교육도 선한 본성을 스스로 깨달아 자율적 도덕실천이 가능하도록 도움을 주는 방식으로 진행되어야 하며 정치도 마찬가지로 선한 본성을 살려낼 수 있는 정책을 폄으로써 공동체 성원 간의 사랑이 행해지는 공동체를 건설할 수 있어야 한다. 그에 반해 인간의 본성이 악하다는 관점을 취하게 되면, 악한 본성을 지닌 성원들 간의 충돌을 막기 위해 법이라는 인위적 규범을 제정하여 이것을 따르도록 하는 타율적 도덕 실천을 강제하게 된다. 그리고 만약 본성이 선하지도 악하지도 않다는 입장에 선다면, 인간의 본성을 선한 쪽으로 유도할 수 있는 교육이나 정치가 행해져야 한다고 주장하게 된다. 이처럼 인성에 대한 이해의 시각에 따라 개인의 삶을 꾸려나가고 공동체를 유지해 가는 방식이 매우 달라진다. 여기서 우리는 모든 윤리적 문제를 접근하고 풀어나가는 데 있어서 인성에 대한 이해가 대전제이며 그로부터 윤리학적 결론들이 도출된다는 점을 분명히 인식할 필요가 있다고 하겠다.

그리고 인성을 인식론적 관점에서 고찰한다면, 인간은 태어날 때 아무것도 모르는 백지의 상태로 태어난다(로크), 인간은 태어날 때부터 기본적인 핵심 관념(본유관념)을 알고 있다(데카르트), 인간에게는 인식의 형식 혹은 인식의 범주가 선천적으로 부여됐지만 그 구체적인 내용은 후천적 경험에 의하여 채워진다(칸트)는 등의 주장이 있다. 만약 로크의 백지설을 받아들인다면 체계화된 관념, 지식 그리고 규범을 학생들에게 잘 인지시킴으로써 심성과 인성의 형성을 도와야 한다고 할 것이다. 그러나 데카르트의 본유관념설을 취한다면, 타고난 기본 관념들을 통하여 진리를 인식할 수 있도록 도와주는 소크라테스의 산파술과 같은 계발식 교육이 필요하다. 끝으로 칸트의 절충적 입장을 수용한다면, 인식의 기본 범주를 확인하고 그 범주에 해당하는 구체적 내용요소들을 분속시킬 수 있음으로써 참된 인식을 할 수 있도록 유도해야 할 것이다.

●현실 속으로

우리들의 자화상

나는 오늘 학교에 올 때 지하철을 탔는데 바로 빈자리가 있어서 '이게 웬일! 운도 좋네.' 생각하고는 잽싸게 앉았다. 여유롭게(?) 하루를 시작하게 되어 내심 즐거웠다. 몇 개의 역사를 지났을까 문이 열리는 순간 어린아이를 팔로 감싸 안은 아주머니가 들어왔다. 난 잠시 주위 사람들을 둘러보다가 이내 자리를 내드렸다. "학생, 고마워요." 그 말을 듣고 조금 머쓱해졌다. 그래서 조금 옆으로 이동한 뒤 이어폰을 귀에 꽂고 노래 소리에 귀를 기울였다. '이제 몇 정거장만 가면 도착이구나.' 그 때 누가 어깨를 툭 치며 "야! 부르면 답을 해야지."라고 했다. 놀라 고개를 돌려보니 국문과 진이였다.

건대역에서 내려 계단을 내려오다가 중간쯤 걸인이 보였다. 나는 주머니를 뒤적여서 오백 원짜리 동전 하나를 건네주었다. 진이가 "오호, 완전 선남이네! 저 사람 멀쩡해 보이는데 빌어먹을 게 아니라 무슨 일이라도 해서 자기 스스로 먹고 살아야 하는 거 아니야?"라고 했다. "그래? 근데 거동이 불편해 보이잖아. 어서 가자, 신호등 바뀐다!" 병원을 지나 일감호를 돌아오면서 우리는 방학 때 봉사활동 프로그램에 대해 이런저런 얘기를 나누었다.

"진이야, 먼저 가. 난 청심대에서 친구를 만나기로 했어."

"그래, 그럼 이따가 봐."

총총히 걸음을 옮기는 진이를 보다가 시선을 호수 저편으로 옮겼다. 생각해 보니 지하철에서의 일도 그렇고 걸인에게 동전을 건넨 일도 그렇고 '난 정말 착한가봐' 싶었다. 나도 모르게 피식 웃음이 절로 나왔다.

사실 나는 때로 내 자신이 야누스적인 면이 있다고 생각한다. 어떤 때는 '세상에 나처럼 나쁜 놈이 있을까?' 싶어 머리를 쥐어박기도 한다. 그러다 보니 나 자신을 포함한 인간의 본성이 선한지 악한지 도무지 감이 잡히질 않는다. 지지난 학기였던가. 강의를 듣던 중 인성에 대한 여러 관점들을 접한 적이 있었다. 서로 발표 토론을 했는데, 어떤 학우가 "현실적으로 보면 매우 이기적인 존재들이 모여 살다 보니 서로 더 많은 것들을 자신의 것으로 만들려고 끝없이 싸우는 것이 우리 모습 아니냐."고 말을 했다. 예상 외로 호응이 많았다. 또 소수이긴 했지만 태어나면서부터 어떤 사람은 선하고 어떤 사람은 악하다는 주장도 있었다. 그러나 어떤 관점을 취하든지 개인적 차원이든 사회적 차원이든 결론적으로는 선한 쪽으로 나아가도록 해야 한다는 식으로 의견이 모아졌다. 하지만 '과연 우리 인간의 본성은 어떠한 걸까.'라고 여전히 자문하게 된다.

또 다른 현실 논제

1. 지하철 객실에 더 이상 빈자리가 남아 있지 않은 상황에서 마침 아기를 업은 아주머니께서 들어오셨다. 나는 바로 일어나 자리를 양보해 드렸다. 그리고는 어떤 마음에서 내가 그렇게 양보를 하게 된 것일까 자문하게 되었다. 도대체 무슨 마음에서였을까?

2. 서로 다른 인성론은 상이한 윤리설을 내세우기 마련인데, 그렇다면 보편적 인성론과 윤리설은 찾을 수 없는 것인가?

3. 개인의 삶을 유지하고 공동체를 건설함에 있어서 만약 공통의 목표를 지향한다면, 어떤 인성론에 입각한 윤리설을 수용해야 하는 것일까?

더 생각해볼 문제

1. 위에서 살펴 본 인성론 이외의 것으로는 어떤 유형의 것들이 있을까?

2. 오늘날 생물학적 관점에서 이기적 유전자 혹은 이타적 유전자를 언급하면서 인성을 논하는 경우가 있는데 이에 대해서는 어떻게 생각하는가?

3. 인식론적 관점에서 인성을 보는 것과 윤리학적 관점에서 인성을 보는 것을 연결시켜 본다면 어떤 논의가 가능할까?

비판적 사고와 토론

2장
인간은 이성적인가

인간은 얼마나 이성적일 수 있을까? 일례로 세계 포커 대회를 생각해 보자. 포커의 명수들은 자신이 가지고 있는 모든 것을 걸 만한 때를 숨죽여 기다린다. 크게 걸기 위해서 '이때다'라는 판단을 필요로 하기 때문이다. 이 판단은 어떻게 내려지는 것일까? 유명한 포커 선수 앨버레즈의 말을 들어 보자. 그는 "(상대방의) 타이밍이나 자세, 칩을 옮기는 손가락 놀림, 눈 깜박임, 심지어목의 떨림과 같은 아주 미세한 단서들을 통해 섬뜩하리만치 예리하게 상대방의 패를 읽어" 낼 수 있어야 한다고 말한다. 이처럼 감에 따르는 것처럼 보이는 포커 선수들도 순간적으로 이성적 판단을 하고 있음을 볼 때, 인간은 매우 이성적인 존재처럼 여겨지기도 한다.

포커 게이머들이 그러하듯, 우리도 감각적으로 주어지는 것들을 종합적인 판단의 자료로 활용한다. 그런데 종종 우리는 감각의 착각을 경험하기도 한다. 물이 든 유리컵 속에 젓가락을 넣어 보면, 반듯한 젓가락이 휘어져 보인다. 버스를 타고 가던 도중 옆 사람 주머니에서 울리는 핸드폰 소리를 자기 핸드폰 소리로 착각할 때도 있다. 시간이라는 절대적 기준도 주관적으로 경험된다. 사랑하는 상대와 함께 앉아 있는 시간은 또 얼마나 짧게 느껴지는지. 사정이 이러하다면 우리는 평명平明한 감각으로 수용된 자료로써 객관적 판단을 제대로 하고 있는 이성적 존재로 자처할 수 있을까? 제 아무리 뛰어난 판단 능력을 가진 포커 게이머라도 외부로부터의 정보가 아닌 어떤 것으로부터 영향을 받을 수밖에 없지 않을까?

아래 글은 이에 관한 두 사람의 생각이다. 그들의 상이한 의견을 들어보자.

지문 1

나는 나의 행동을 분명히 직시하면서 확신을 갖고 삶을 살아가기 위해서 참을 거짓으로부터 구별할 수 있기를 늘 갈망했다. 옳은 판단을 내려 참을 거짓으로부터 구별하는 능력이 바로 이성이다. 이것은 인간을 짐승과 구별하여 인간으로 만들어 주는 유일한 것인데, 모든 인간에게 온전히 갖추어져 있다. 그런데 우리가 금이나 다이아몬드로 생각한 것이 어쩌면 구리나 유리 조각에 지나지 않는 것일 수 있다. 우리는 스스로에 관한 일에 있어서 너무도 자주 잘못 생각하고 있는 것이다. 좋은 정신을 지니는 것만으로는 충분치 않으며, 그것을 잘 사용하는 것이 더 중요하다. 그러므로 판단하는 데 있어서, 나의 정신에 명석판명하게 제시되어 아무도 그것을 의심할 수 없는 경우에만 그것을 인정해야 한다. 우리는 결국 우리 이성의 명증성에 의해서만 설득되어야 하기 때문이다.

내가 여기서 상상력이나 감각의 명증성이 아닌 이성의 명증성이라고 말하는 것에 유의해야 한다. 가령 태양을 아주 명석하게 본다 하더라도 우리가 보는 태양의 크기가 그대로 실제 크기라고 판단해서는 안 된다. 왜냐하면 이성은 우리가 그렇게 보거나 상상하는 것이 참이라고 일러주지 않기 때문이다. (…) 그렇다면 나는 신체나 감각기관에 매여 있어서 이것들 없이는 현존할 수 없는 것 아닐까? 결코 그렇지는 않다. 아주 교활한 기만자가 있어 나를 속이게 두더라도 내가 생각하는 동안에 내가 아무것도 아니라고 생각하게 만들 수는 없을 것이다.

그렇다면 참답다고 생각될 수 있는 것은 무엇인가. 아마도 이 세상에는 확실한 것이 아무것도 없다는 것만이 참다운 것으로 생각될 수 있을 것이다. 나는 생각한다. 그러므로 나는 존재한다. 생각하는 것이 존재하지 않는다고 한다면, 그것은 모순이기 때문에 생각하는 것은 존재하지 않을 수 없다. (…) 이처럼 모든 것이 거짓이라고 생각하고 있는 동안에도 이렇게 생각하는 나는 반드시 어떤 것이어야 한다는 것을 알게 되었다. 그리고 '나는 생각한다. 그러므로 나는 존재한다.'라는 이 진리는 아주 확고하고 확실한 것이고, 회의론자들이 제기하는 가당치 않은 억측으로도 흔들리지 않는 것임을 주목하고서 이것을 내가 찾고 있던 철학의 제일원리로 거리낌 없이 받아들일 수 있다고 판단했다. 이러한 나는 하나의 실체이고, 그 본질 혹은 본성은 오직 생각하는 것이며, 존재하기 위해 하등의 장소도 필요 없고, 어떠한 물질적 사물에도 의존하지 않는 것임을 알게 되었다.

(르네 데카르트, 『방법서설 · 성찰』 중 일부 내용을 풀어씀)

르네 데카르트(René Descartes, 1596~1650): 근대철학의 아버지로 불리는 데카르트는 철학자·수학자·물리학자이기도 하다. 그의 대표 저서 『방법서설』은 학문의 확실한 기초를 세우기 위해 모든 것을 의심하는 '방법적 회의'로 유명하다. 이 시도로부터 적어도 의심할 수 없이 생각하는 자아의 존재를 가리켜 데카르트는 '나는 생각한다. 고로 존재한다.'라고 규정하였다. 이것이 곧 철학의 제1원리가 되었다.

확신은 어디에나 있다. 활짝 핀 근본주의는 절정에 달해 있다. 완전한 신념에 둘러싸인 수많은 권위자들이 우리에게 말한다. 어째서 우리가 X국가를 침공해야 하고, 학교에서 『허클베리 핀의 모험』을 읽으면 안 되고 혹은 토마토를 삶아 먹어야 하는지, 그리고 뇌손상이 얼마나 심하면 저능아라는 이름이 정당화되는지, 정확히 어느 순간에 정자와 난자를 한 인간으로 취급해야 하는지, 어째서 주식시장이 결국 역사적 수익을 내는 쪽으로 복귀할 것인지, 공공연한 마음의 변화는 온 국민의 뉴스거리다.

하지만 왜? 당신은 증거를 눈여겨보고, 찬반양론의 득실을 저울질하고, 그런 다음 결정을 내린다. 증거가 충분히 강력하면, 당신은 다른 합당한 답이 없다는 신념을 갖게 된다. 그 결과로 얻은 확신감은 의식적이고 신중한 일련의 추론에 따르는 유일하게 논리적이고 정당한 결론처럼 느껴진다.

그러나 잠깐만 생각해보라. '나는 나 자신을, 그리고 내가 뭘 할지를 안다'는 것은 어떤 종류의 지식일까? 깊은 자기반성을 바탕으로 한 의식적인 이성적 결정일까? 아니면 무의식적인 결정일까? (…) 노스웨스턴 대학교의 로저 섕크는 마음이 이성적이라는 관념을 공상적으로 제시하면서 다음과 같이 말한다.

"나는 사람들이 자기 자신의 인생에서 결정에 관한 것이라면, 이성적으로 생각할 능력이 없다고 믿는다. 사람들은 자신이 이성적으로 행동하고 있고 물론 모든 것을 자신이 생각해냈다고 믿지만, 누구와 결혼할지, 어디서 살지, 어떠한 일을 할지, 어느 대학에 갈지 등의 굵직한 결정을 할 때에 사람들의 마음은 결코 착잡함을 극복할 수 없다. 선택할 수 있는 잠재적 대안들을 이성적으로 분석하려고 애쓸

때면, 그들의 무의식적이고 감정적인 사고들이 선택권을 넘겨받는다. 우리를 위해 결정을 내리는 것은 무의식이고, 의식은 이성적으로 들리는 결정들을 위해 명분을 세우는 일을 맡는다. 반면 우리는 다른 사람들이 하는 선택에 관해서는 이성적으로 생각할 수 있다." 분명한 건 그 순간이 되어보기 전까지는 내가 뭘 하게 될지를 나도 언제나 알고 있는 건 아니라는 것이다.

(로버트 버튼, 『뇌, 생각의 한계』 중 일부 내용을 풀어씀)

로버트 버튼(Robert Burton, ~현재): 현재 미국의 신경과학자이다. UCSF(University of California, San Francisco) 마운트 지온 병원에서 신경학과 부과장으로 활동 중에 있다. 그의 핵심 질문은 '우리가 뭘 아는지를 우리는 어떻게 아는가?'로 압축된다. 인지과학적인 측면에서 우리가 '확신하는 앎'의 정체를 감각, 지각, 의식, 사고, 감정, 느낌, 신 등에 확장하여 묻고 있다.

인간은 이성적이다

[지문 1]은 근대 프랑스 철학자 데카르트의 글이다. 그는 인간의 본질이 참과 거짓을 구별하는 능력인 이성에 있음을 확신하면서, 올바른 삶을 살아가기 위해 모든 인간이 본래 소유한 이성능력을 올바르게 사용하는 것이 중요하다고 말한다. 데카르트가 이렇게 이성에 방점을 찍는 이유는 무엇일까? 그것은 이성 외의 능력, 예컨대 감각이나 상상력 등과 같은 능력이 참과 거짓을 구별하고 우리의 삶을 올바르게 지도하기에 부족하다고 보기 때문이다.

가령 감각을 살펴보자. 눈으로 보기에 태양은 유리창에 오롯이 들어올 만큼 작다. 하지만 우리는 태양의 진짜 크기를 감각이 아니라 이성에 의해서 파악한다. 구분을 두어 생각하는 능력을 통해 사물의 참된 인식을 주는 것은 이성이기 때문이다. 데카르트에게 있어 감각은 우리를 속이는 일이 매우 빈번한 불확실한 능력이 아닐 수 없다. 좀 더 현대적인 예를 들어보자. 지구에서 태양까지의 거리는 약 1억 5,000만 km, 빛은 1초에 30만km를 가로지른다. 햇빛이 지구에 도달하기까지는 무려 8분 20초가 걸린다. 이를 생각하면 우리가 지금 보고 있는 태양은 8분 20초 전의 태양이다. 그러니까 만일 태양이 사라진다 해도 우리는 적어도 8분 20초 동안 만큼은 태양의 존재를 믿고 있는 것이다. 그러므로 데카르트는 우연적이고 불확실한 감각의 정보와 지식들이 참과 거짓을 구별하고 우리의 삶을 올바르게 인도할 만한 근원이 될 수 없다고 주장한다.

감각이 의심스럽다면, 감각에 의거해 존재하는 것으로 간주하는 외부 물체의 존재 여부도 의심스러울 수밖에 없다. 물체 내지 물질세계의 존재가 의심스러운 이유는 꿈과 현실을 구별할 수 있는 명확한 근거조차 우리가 가지고 있지 않기 때문이다. 꿈속에서 보는 것들은 일종의 환영이지만 꿈에서 깨기 전까지 우리는 그것이 환영인지 알지 못한다. 외부의 물체와 세계의 존재가 불확실하다고 가정한다면, 그러면 혹시 수학적인 인식은 절대적으로 확실하지 않을까? 그러나 우리는 아주 단순한 기하학의 문제에서조차 잘못된 추리를 할 수 있다. 더 나아가 데카르트가 말하듯 올바른 추론을 거쳐 얻은 수학적 인식들마저 악마와 같은 아주 교활한 기만자가 있어 우리를 속이는 것일 수도 있다. 이처럼 의심할 수 있는 모든 것을 의심하는 사고를 데카르트는 이른바 '방법적 회의'라고 부른다. 여기서 데카르트의 회의가 '방법적'인 이유는 회의론자들의 경우처럼 회의를 위한 회의가 아니라, 결코 의심할 수 없는 이성의 제 1원리를 발견하기 위한 방법으로서의 회의이기 때문이다.

그렇다면 데카르트가 이러한 의심을 거쳐 최후에 도달한 지점은 어디일까? 감각이나 상상력이 제공하는 모든 정보와 지식은 확실할 수 없으므로 의심한다고 하더라도 그렇게 '의심하고 있는 나', 즉 '생각하고 있는 나'의 존재만은 의심할 수 없지 않은가. 이것이야말로 바로 우리가 참과 거짓을 구별하는, 이성 능력을 통해 도달하는 필연적 참인 것이다. 그러므로 데카르트는 인간 이성을 신뢰하며 그러한 이성적 사고에 기초해 모든 것을 의심하고, 결국 의심할 수 없는 절대적으로 확실한 근간을 찾는다. 그로부터 그는 모든 지식과 학문의 체계를 세우고자 했다. 그렇다면 그가 이렇게 인간의 이성을 절대적으로 신뢰한 이유는 무엇일까? 이것을 이해하기 위해서는 정신과 물질에 대한 데카르트의 생각을 알아보아야 한다.

데카르트는 세계가 정신과 물질이라는 두 개의 실체로 이루어져 있다고 보았는데, 인간만이 정신과 물질(육체)로 이루어져 있고 나머지 동물 비롯한 모든 생물들은 물질로 이루어져 있다고 생각했다. 말하자면, 그에게 동물이란 마음 없는 기계와도 같은 존재였다. 당시에 '두의식'이라는 개념이 없던 시대임을 고려하면, 정신 혹은 마음은 '의식'과 같은 의미로 간주되었다. 즉 그는 마음을 오직 우리가 의식하고 있는 부분만으로 보았고, 마음과 의식을 동일시했다. 이성적 사고란 데카르트에게 있어 의식의 영역에 속한 것이었고, 아픔과 같은 감각은 육체의 영역에 속한 것이었다.

더 나아가 데카르트는 감각뿐 아니라 욕구(허기와 갈증 등)와 감정(사랑, 증오, 기쁨, 슬픔, 놀람 등) 역시 육체적 현상으로 간주하였다. 이를테면 감각, 욕구, 감정이라는 물질(육체) 현상은 이성이라는 정신 현상에 영향을 미치며, 역으로 정신 현상도 물질 현상에 영향을 미칠 수 있다. 따라서 우리는 감각, 욕구, 감정에 휘둘리기보다 이성의 판단 작용에 의거하여 이들을 올바르게 이끌어가야 하는데, 이것이 정신(이성)과 물질(감각, 욕구, 감정)을 구별하고 전자로 하여금 후자를 인도하게 해야 한다는 이성주의의 토대가 되었다.

◩ 인간은 감성적이고 비이성적이다

[지문 2]는 『뇌, 생각의 한계』를 쓴 미국의 신경과학자 로버트 버튼의 글이다. 버튼은 무엇인가를 확실히 안다는 것은, 그것이 설사 이성에 관한 것일지라도 절대적이 될 수 없다고 이야기한다. 그것은 일관된 앎이 아니라 단지 하나의 느낌일 뿐이라는 것이다. 그러므로 데카르트 식의 '생각하는 나'는 한낱 허구에 불과하며, 오히려 살아가면서 생기는 비이성적 감정이나 잠재적인 마음이야말로 믿을 만한 것이라고 버튼은 말한다. 그에게는 무엇인가를 신중하게 추론해서 드는 확신감이나 신념 역시도 어디까지나 정당해 보이고 논리적인 것처럼 보이는 믿음의 일종으로 이해된다. 인간이 자기 자신에 대해서 얼마큼 제대로 알고 있겠는가? 이러한 물음을 버튼에게 던진다면, 그는 그렇게 안다는 것이란 이성에 대한 하나의 공상적 관념에 지나지 않는다고 답할 것이다.

이성에 대해서 그는 일련의 회의적인 질문들을 제기한다. 삶의 결정적인 순간에 우리가 실제로 합리적인 사고나 이성적인 추론만을 고집할 수 있을까? 복잡한 상황에서 의사결정을 할 때, 혹시 마음 가는 대로 움직여지는 것은 아닐까? 충분히 알 수는 없지만 사고의 판단기준이 딱히 없어도 느낌에 맞는다고 여기며 사는 것, 이것이야말로 인생의 결정적 순간에 중요한 포인트가 아닐까? 마치 톨스토이의 『안나 카레니나』 한 대목처럼 말이다. "자신이 누구인지, 무엇을 위해 사는지를 생각할 때, 레빈은 답을 찾지 못하고 절망에 빠졌지만, 자신에게 그에 관해 묻기를 멈추었을 때, 그는 자신이 누구이며 무엇을 위해 사는지를 알고 있는 것 같았다. (…) 추론은 결국 그를 의심에 빠뜨리고 그는 무엇을 해야 하고 하지 말아야 하는지를 보지 못하도록 계속해서 가로막았다. 그럼에도 아무 생각 없이 그냥 살아갈 때, (…) 그래서 그는 살았다."

이렇게 보면 느낌, 감각, 감정 등은 자아의 이성적 사고 과정과는 무관하다. 그러한 감성영역은 개연적 정보에 대한 반응, 감정적인 의지, 기억, 기분, 열정, 욕구, 충동 등을 포함하며, 감성은 직관에 따라 판단하고 결정 내린다. 직관과 같은 감성적 마음의 활동은 결과를 판단하기보다 비논리적인 믿음에 따라 결정하는 것이다. 인생의 중요한 선택은 오히려 생각이 없을 때 이루어지고, 그럴 때 삶의 새로운 지평도 열릴 수 있다는 것이 버튼의 견해다.

인용된 생크의 말에도 나타나 있듯, 여러 요소의 가능성을 꼼꼼히 따져보고 점쳐 판단내리는 이성은 스스로에 대해 올바르게 알 때 가능할 터인데, 개인적 결정을 내릴 때에 우리는 스스로에 대해 얼마나 객관적일 수 있을까? 그런 능력이 있다고 해도 그것은 다른 사람들의 생각을 판단할 때에나 가질 수 있을 것이다. 타인의 선택을 판단하고 평가할 때에야 자기 주관성을 버린 판단력을 가질 수 있지, 자신에 대해 판단하고 평가할 때에는 내재적 편견을 극복하지 못하기 때문이다.

우리 삶에는 무엇이 옳고 그른지 알 수 없는 상황이 비일비재하다. 정작 그럴 때에는 생각이라는 것이 명확하게 있는지조차 알지 못하고 행하는 경우도 다반사다. 그런데 하물며 어떻게 훌륭한 판단과 추측을 해낼 수 있단 말인가? 만일 그러한 판단과 추측이 가능하다고 해도 그것은 이성의 능력이라기보다 어떤 또 다른 잠재력, 거의 무의식에 가까운 마음이 작용한 결과일 것이다. 따라서 버튼은 우리가 이성적 판단이 먼저 있어서 여러 가능성을 숙고해 알고 행동하는 것이 아니라며 이성중심주의에 명확한 선을 긋는다.

이성이 아니라 감각, 감정, 충동 등에 기초하여 직관적으로 결정하고 행동하는 경우가 있다면, 어떤 경우일까? 야구경기의 사례를 생각해 보자. 프로선수들이 던지는 야구공의 속도는 평균 130km, 체감속도는 160km이다. 타자와 투수는 약 18.44m 떨어져 있다. 그렇다면 타자는 과연 공을 끝까지 보고 어떤 판단을 내린 다음에 방망이를 휘두르는 것일까? 날아오는 공을 보고 판단을 내린다면 이미 너무 늦어버린다. 시속 150km의 공이 홈플레이트에 도달하는 데 걸리는 시간은 0.44초이므로, 타자에게는 그보다 빠른 판단력이 요구된다. 계산해보면 타자에게는 약 0.19초밖에 시간이 없다. 그런데 그 짧은 시간 동안 타자는 도저히 공을 면밀히 관찰하고 판단을 내릴 수가 없다. 그러려면 망막이 공을 보고 데이터를 수집한 후에, 이를 토대로 뇌가 공의 궤적을 예측해야하고 공이 어디로 떨어질지를 계산해야 한다. 또한, 공의 어느 곳을 칠지도 생각해서 처리해야 하며, 날아오는 공의 속도와 방향을 감지하고 방망이를 휘두를 위치로 몸을 이동하여 자세까지 바로잡아야 한다. 하지만 이런 복잡한 과정을 한 순간에 이성적으로 판단하고 계산하기란 불가능하다. 타자는 거의 투수의 손을 떠나는 공을 보자마자 칠 수밖에 없다. 결정은 이렇게 눈 깜짝할 사이에 이루어진다. 결국 훌륭한 타자는 이성적으로 분석하고 결정하고 공을 치는 것이 아니라, 개연적으로 예측한 순간적 반응에 따라 공을 친다는 결론이 나오는 것이다.

◪ 이성주의 vs. 비이성주의

이성주의는 인간의 사유 능력과 자율성을 중시한다. 우리 인간은 사물에 대해 논리적으로 판단하거나 자신의 행위에 대해 이성적으로 사유하고 결정할 수 있으며, 따라서 인간은 스스로 생각하고 판단하는 자율적 존재라고 보는 것이 이성주의의 입장이다. 이것이 가능한 이유는 우리가 알게 모르게 따르는 사고의 질서와 규칙이 있기 때문인데, 말하자면 우리에게 논리적인 사고의 능력과 규범이 있다는 것이다. 수학의 원리를 이해하고 언어를 활용해 대화를 하며, 이상을 갖고 합리적으로 역사를 만들어가는 것도 이성의 자율성에 기반하기에 가능하다고 이성주의는 파악한다.

반면 비이성주의는 이성주의가 추구하는 보편성, 객관성, 논리성보다는 개별성, 주관성, 우연성을 중시한다. 사람은 매순간 어떤 형태로든 선택을 하고 행동을 하지만, 이것이 꼭 결과를 이성적으로 생각해서 논리에 맞춰보거나 어떤 목적을 위해 행동하는 것이 아니라는 주장이다. 따라서 비이성주의는 논리적이고 자율적인 이성 규범을 신화로 치부하고 감정, 직관, 본능 등을 인간본성의 근본이자 삶의 원리라고 주장한다.

앞서 살펴본 데카르트와 버튼 역시 이러한 대립구도를 잘 보여주고 있는데, 그렇다면 생각해보자. 이성주의와 비이성주의의가 우리에게 던지는 의미는 무엇일까? 이 두 가지 사고방식이 지닌 차이점을 하나씩 살펴보고 비판적으로 종합해보자.

첫 번째로 이성의 합리성과 자율성에 대해 되짚어보자. 데카르트는 철저하게 이성적인 사유를 통해 '나는 생각한다. 그러므로 나는 존재한다.'라는 의심할 수 없는 원리에 도달했다. 데카르트가 도달한 '나'는 또한 완전하게 이성적인 존재, 그리고 합리적이며 자율적인 존재이다. 그러나 이성적 자아의 합리성과 자율성에 함정은 없는 것일까? 이성중심주의가 자칫 자신의 이성을 완전하게 합리적이고 자율적으로 여긴 나머지, 타자에 대해 폭력을 휘두르는 독단주의나 우월주의로 흐를 위험이 없을까? 역사적으로 독일의 나치즘이나 미국의 노예제도, 자문화 우월주의나 특정 종교 우월주의는 타자를 인정하지 않는 독단적 이성중심주의의 대표적 사례로 들 수 있다.

비이성주의의 입장에서는 이러한 이성주의의 이러한 위험을 경고한다. 우리의 이성이 결코 완전할 수 없으며, 따라서 인간이 합리적이고 자율적인 존재라는 사고방식이 일종의 허상일 뿐이라고 비판한다. 이러한 주장의 근저에는 일상생활에서 이루어지는 수많은 정신 활동이 합리적이고 자율적인 이성에 의해 이루어지기보다 오히려 비이성적이며 무의식적인 감성, 직관, 욕구 등에 의해 이루어진다는 생각이 깔려있는데, 그러나 이성의 합리성과 자율성을 부인하는 입장에도 문제가 전혀 없는 것은 아니다. 만일 합리적이고 자율적으로 추론하는 사고가 없다면, 학문과 기술은 발전하지 못했을 것이다. 올바른 삶과 사회에 대한 윤리학적 성찰이나 정치학적 탐구도 불가능했을 것이다. 합리적이고 자율적인 이성에 대한 믿음과 그에 기초한 치열한 노력이 없었다면, 아직까지도 우리는 천동설을 참이라고 믿고 있을 수도 있고, 인간의 삶은 그저 약육강식의 밀림에서 살아가는 것에 불과하다고 여길 수도 있다. 그렇기에 이성을 부정하는 비이성주의는 그저 자연적 본능을 따르거나 과거의 전통을 답습하는 행태로 나타날 수 있다. 심지어 학문과 도덕의 가능성을 부정하는 허무주의에 빠질 수도 있다.

두 번째로 이성주의와 비이성주의에서 인간을 바라보는 서로 다른 방식에 대해 생각해 보자. 앞서 이야기한 것처럼 데카르트는 인간에 있어 정신과 물질(육체)을 엄밀하게 구분한다. 그러나 정신과 육체를 구분하여 인간을 바라보는 것이 타당한 일일까? 정신과 육체가 정말 분리되어 존재하는 것일까? 실제로 그렇게 보기는 어렵다. 몸과 마음은 마치 하나처럼 긴밀한 관계를 맺으며 움직인다. 물론 데카르트 역시 자신의 이론이 지니는 이러한 난점을 의식하고 그 해결책으로서 몸과 마음이 뇌의 송과선松科腺이라는 부분을 통해 상호작용한다는 주장을 내놓았다. 그럼에도 이러한 주장은 송과선 내에서 몸과 마음이 '어떻게' 상호작용을 하는지에 대한 대답을 하지 못하기 때문에, 이 난점을 진정으로 해결했다고 볼 수는 없다.

반면 비이성주의는 인간의 몸과 마음이 매우 긴밀한 관계를 맺고 있다고 주장하며, 특히 뇌과학의 성과에 기초하여 마음을 움직이는 몸의 측면을 강조하곤 한다. 가령 감성지능을 주장하는 대니얼 골먼은 물에 빠진 사람을 구하는 행동이 뇌의 편도에 기인한다고 보고 있는데, 그에 따르면 대뇌변연계의 중추가 긴급 상황을 선포하고 문제해결에 두뇌의 나머지 부위를 동원한다. 바로 이때에 편도가 감성적 사고 영역을 담당한다. 대체로 감성적 정신과 이성적 정신은 조화를 이루어 작용하지만 정열과 같은 감정이 밀어닥칠 때 균형은 무너지고, 우세를 보이는 쪽은 비이성적 감성작용이다.

이처럼 골먼은 인간에게 조리 있게 사고하는 이성 능력이 있음을 완전히 부정하지는 않으면서도 감성적인 정신을 우위에 둔다. 하지만 몸의 일부인 뇌가 마음을 지배하며 감성이 이성보다 우선권을 지닌다는 입장 역시 일리가 있지만, 여기에는 중대한 난점 또한 존재한다. 뇌 역시 몸의 일부이기 때문에 그의 주장은 결국 몸이 마음을 규정한다는 유물론적 입장으로 기울어지게 되고, 이는 마음의 지위에 대한 복잡다단한 철학적이며 과학적인 논쟁을 불러일으킨다.

세 번째로 믿음의 합리성 문제가 제기될 수 있다. 데카르트에게 있어 자아는 곧 이성적으로 사고하는 '나'이다. 그리고 이러한 자아의 존재에 대한 믿음은 외부의 물질적 세계에 대한 믿음의 기반이 된다. 그는 자아의 존재로부터 외부 세계의 존재를 논리적으로 추론해내고 이러한 이성적 추론의 결과로 얻은 믿음을 올바르고 합리적이라고 보았다. 하지만 비이성주의는 여기에 모순이 있다고 비판한다. 이성적 추론에 의해 도달했다는 그러한 믿음이 사실은 감성을 통한 비합리적 믿음과 구분되기 어렵기 때문이다. 어쩌면 믿음이라는 것 자체가 비합리적이고 비이성적일 수밖에 없지 않을까? 과연 완전한 이성적 추론을 통해 도달할 수 있는 믿음이라는 것이 존재하기는 하는 것일까? 믿음에 있어 기쁨과 슬픔과 소망과 같은 다양한 정서가 얼마만큼이나 배제될 수 있을까? 인간이 지닌 지식의 한계를 고려한다면, 문제는 더욱 복잡해진다. 가령 커피 잔에 크림을 휘저을 때, 커피와 크림이 섞이는 모습에 대한 법칙을 우리가 정확히 찾아내어 정립할 수 있을까? 놀라운 사실은 커피와 크림이 섞이는 현상이 너무나도 복잡해서 우리는 아직도 그에 대한 법칙조차 세울 수 없다는 것이다. 겨우 커피 잔에 크림 젓는 문제에 지나지 않지만, 인간은 여전히 이런 움직임조차 정확하게 예측할 수 없다. 이러한 사정을 감안하면, 아무리 생각에 생각을 거듭한 이성적 추론에 의한 믿음일지라도 판단은 틀릴 수 있다.

한편 비이성주의는 믿음의 합리성에 한계가 있다고 주장한다. 마치 이성적 추론에 의해 도출된 믿음이더라도 거기에는 부지불식간에 정서적 요인들이 작용했을 수 있고, 나아가 이성적 추론의 토대가 되는 정보와 지식 역시 불완전할 수밖에 없기 때문이다. 그러나 비이성주의가 합리적 믿음과 비합리적 믿음에 어떠한 차이도 없다는 결론으로 나아간다면, 이는 지식에 대한 완벽한 회의주의와 상대주의에 빠지질 수 있는 우려를 낳게 된다. 만일 믿음의 합리성을 전적으로 부정한다면, 사람들이 지닌 모든 주관적 믿음들은 동등한 가치를 지닌다고 인정해야 할 것이다. 그러면 보다 올바른 믿음에 도달하기 위해 공동의 노력을 추구하는 것이 불가능하거나 무의미해진다. 그에 따라 (좀 더) 올바른 믿음을 찾아내고 거기에 기초하여 (좀 더) 나은 삶과 사회를 만들어나가려는 토론의 과정 역시 불필요해질 것이다. 그렇게 되면 공공의 문제에 있어 언제나 정치적 혹은 경제적 권력이 강한 자의 믿음이 채택되는 결과를 가져올지도 모른다.

이처럼 인간의 본성을 단적으로 이성적이라거나 비이성적이라고 규정짓는 데에는 무리가 따른다. 인간에 대한 이해 가능성은 늘 열려 있다. 우리에게는 좀 더 넓은 시야에서 다각적이고도 중립적인 관점으로 생각하는 훈련이 필요하다. 인간이 지닌 이성적인 측면들과 비이성적인 측면을 모두 고려하는 종합적인 사고가 수반될 필요가 있다. 인간은 분명 합리적인 사고를 요한다. 형태와 유형은 달라도 우리 각자는 나름대로 합리적 기준을 가지고 살아가며, 일상 속에서 어떤 규범에 따라 행동하고 판단할지를 생각할 줄 안다. 하지만 그렇다고 해서 흔히 비이성적이라고 부르는 감각, 감정, 욕구 등을 이성의 잣대로 평가하여 함부로 폄하해서도 안 될 것이다. 그러면 지금까지의 내용을 바탕으로 다음 현상에 대해서도 이야기 나눠보자.

● 현실 속으로

우리는 합리적 소비자인가?

우리는 매일 소비자로 살아간다. 어떤 식당에서 무엇을 먹을지 결정해야 하며, 친구와 만나면 함께 영화를 볼지, 아니면 시원한 맥주를 마실지 정해야 하고 영화를 본다면 또 어떤 영화를 볼지 결정해야 한다. 바꿔 말해, 우리의 일상은 수많은 경제적 결정들로 이루어져 있다. 그렇다면 우리의 경제 활동은 과연 이성적일까?

고전경제학에서는 인간을 이성적 존재라고 본다. 인간은 경제적 결정에 있어서도 일관된 선호를 지니고 효용의 극대화를 추구한다는 것이다. 하지만 최근 새로이 대두된 행동경제학에서는 인간을 상당히 감정적 존재라고 본다. 경제적 결정에 있어서 상황에 따라 그때그때 선호가 달라지고, 효용의 극대화보다 자기가 원하는 수준을 대안을 선택한다는 것이다.

자기 자신이나 주변 인물들의 구체적 사례들을 생각해 보며, 소비자로서 경제 활동을 할 때에 우리는 이성적인지 아니면 비이성적인지에 대해 토론해 보자.

또 다른 현실 논제

1. 피아노 연주자가 건반을 빠르게 치며 곡을 연주하는 것은 흔히 이성적이기보다는 감성적인 능력으로 비쳐진다. 그러나 여기에 이성적 능력이 전혀 개입되지 않은 것일까? 또, 화가나 조각가는 어떤 작품을 시작할 때 말한다. "화폭과 대리석에 이미 그릴 그림과 조각할 대상이 들어있다. 나는 그것을 다만 끄집어 낼 뿐이다." 이러한 말은 이성적 사유 능력보다는 대상에 감응하는 감성적 능력을 강조하는 것처럼 들린다. 그렇다면 예술의 경우에 이성보다는 감성, 영감, 상상력 등이 지배적인 우위를 차지하는 것일까?

2. 대통령 선거에서 특정 후보를 지지하고 그에게 투표할 때, 유권자들의 의사결정은 어떻게 이루어지는가? 이성적인 의사결정인가, 비이성적인 의사결정인가?

더 생각해볼 문제

1. 모든 생각이 물질적인 뇌에서 나오는 것이라면, 왜 우리는 여전히 마음을 이야기하고 '자유', '꿈', '사랑' 등을 이야기하는 것일까?

2. 우리의 자아에는 확고한 동일성이 있는가? 만일 없는 것이라면, 인간을 인간답게 만드는 존재의 의미는 어디에서 찾을 수 있을까?

3. 인간만이 월등하게 합리적이고 이성적인 사고를 하는 것일까? 이러한 생각의 밑바탕에는 인간이 만물의 영장이라는 인간중심주의(anthropocentricism)가 깔려있는 것은 아닐까?

3장 도덕은 상대적인가, 보편적인가

우리는 도덕적 기준이 시대와 문화마다 다름을 인정해야 할까, 아니면 시대와 문화에 상관없이 보편적으로 성립되어야 한다고 보아야 할까?

어느 이슬람권 외국인이 한국인 지인으로부터 초대를 받아 한국을 방문하게 되었다. 우리나라 지인은 대부분의 외국인들이 모두 좋아하는 삼겹살을 대접하고 싶었다. 하지만 이슬람권 외국인은 삼겹살을 보고 난색을 표하며 호의는 고맙지만 사양하겠다고 정중히 거절하였다. 우리나라 지인은 이슬람 종교에 따라 이슬람인들이 돼지고기를 먹지 않는다는 것을 알고 이 점을 미리 살피지 못하여 미안하다고 하며 다른 음식으로 대접하였다. 우리나라 사람이 돼지고기를 사양하는 이슬람인의 의사를 늦게나마 존중하고 배려한 것은 합당한 일이라고 생각할 수 있다.

이 경우는 어떨까? 어떤 에스키모 부족은 귀한 손님(남자)이 집에 방문했을 때에 아내를 그 손님과 동침하도록 하는 풍습이 있으며, 그 손님이 그 환대 방식을 거절했을 경우에 심한 모욕감을 느낀다고 한다. 앞의 경우처럼 문화에 대한 존중이 필요하다고 말하기에는 약간 망설여질 수도 있다.

그 손님이 기혼일 경우 그런 환대를 받아들이는 것은 자기 아내에게 죄를 짓는 것이며, 그런 환대를 취하는 그 부족의 부부는 스스로 부부의 의무를 저버리는 죄를 저지르는 것이 아닐까? 하지만 다른 한편, 모든 관계 당사자들이 그 풍습의 기원에 공감하여 마음을 다치지 않고 오히려 서로를 이해하는 계기가 되었다고 한다면 그래도 그 풍습이 부도덕한 것일까? 쉽사리 판단을 내리기 힘들다.

마지막으로 이 경우는 어떨까? 해마다 수십 명의 죄 없는 어린이들을 강제로 데려다가 제사의 제물로 삼아 신을 기쁘게 해야 한다는 사고방식과 생활방식을 가진 부족이 있다고 생각해보자. 우리는 이 부족의 풍습에 대해 부도덕하다는 판단을 내려서는 안 될까? 거의 대부분 사람들은 그 풍습은 부도덕하며, 어떤 상황에서도 인류의 역사에서 다시 되풀이되지 않는 것이 바람직하다고 여길 것이다. 하지만 몇몇은 여전히 그것도 문화적 차이라서 존중해야 한다고 생각할 것이다. 과연 도덕적 판단은 문화에 따라 상대적으로 내려져야 하는가, 아니면 문화를 초월하는 보편적 기준에 따라 내려져야 하는가? 다음 글을 읽고 생각해보자.

지문 1

인간의 모든 집단들에게 자신들에게 가장 훌륭한 규범이 무엇이냐고 묻는다면 그들은 이리저리 고민하다가 결국 자신들의 관습이 가장 따를 만한 규범이라고 대답할 것이다. 그들은 자신 집단의 규범이 최선의 것이라고 생각한다는 것이다. 제 정신을 가진 사람이라면 자신의 관습을 부정하며 비웃는 일은 없을 것이다.

자신의 관습을 따르는 것이 가장 좋은 일이라는 이러한 생각을 지지하는 여러 예가 있지만 그 중에 장례 문화에 관한 예를 하나

들어 보겠다. 페르시아 제국의 다리우스 왕 시절의 이야기이다. 다리우스 왕은 회의 참석을 위해 머물러 있던 그리스인들을 초대하여 부친의 시신을 먹을 수 있겠냐고 물었다. 그리스인들은 괴로워하면서 아무리 많은 돈을 주어도 그런 일은 결코 할 수 없다고 말하였다. 그들은 시신을 화장하는 장례 풍습을 갖고 있었기 때문이다.

그러고 나서 다리우스 왕은 인도의 부족 중 하나인 칼라티에인들을 초대하였다. 칼라티에인들은 부모의 시신을 먹는 장례 문화를 갖고 있었다. 다리우스는 그리스인들이 보는 앞에서 칼라티에인들에게 다음과 같이 물었다. 돈을 얼마나 주면 부친의 시신을 화장하겠느냐고 말이다. 그 말을 들은 칼라티에인들은 경악하여 울부짖으며 그런 말은 입에 담지도 말아달라고 하였다.

다리우스 왕은 각 민족은 자신의 풍습대로 지내게 하는 것이 가장 좋다고 생각하게 되었고 각 민족의 풍습들은 있는 그대로의 모습으로 유지될 수 있었다. 따라서 나는 각 민족의 관습들이 그들에게는 최선의 지침이 된다는 점이 맞다고 생각한다.

(헤로도토스, 『역사』, 제3권 38절의 내용을 풀어씀)

헤로도토스(Herodotos, BC 484?~BC 430): 그리스의 역사가. 그리스와 페르시아 전쟁을 다룬 『역사』의 저자이다. 이 책은 역사를 시가가 아닌 이야기체로 풀어낸 서양 최초의 역사서로 평가된다. 그는 페르시아 지역을 두루 다닌 여행가·지리학자로 평가되기도 한다.

지문 2

우리의 행동을 다스리는 법칙이 도덕 법칙으로 인정되려면, 그 법칙은 절대적 필연성을 가져야 한다. 가령 '너는 거짓말을 해서는 안 된다'는 명령이 있다고 해보자. 이것은 이성을 가진 모든 존재자들에게 타당할 수밖에 없으며 그 모든 이성적 존재자들은 그 법칙에 구속될 수밖에 없다. 이외의 다른 모든 도덕 법칙들도 역시 모든 이성적 존재자들에게 타당해야 한다. 다시 말하면, 우리가 반드시 지켜야만 하는 도덕적 의무의 근거를 인간의 현실적・자연적 본성에서 찾거나 인간에게 영향을 미치는 세계의 정황에서 찾아서는 안 된다. 그런 것들은 보편적으로 타당하지 않고 우연적으로 변하는 것들이기 때문이다.

도덕적 의무의 근거는 오직 순수 이성의 개념들 안에서 선험적으로 찾아야 한다. 물론 경험적 세계의 작동 원리에 기초하는 훈계, 처신요령과 같은 행동 규칙들도 우리의 행동을 지도하는 실천 규칙일 수는 있다. 하지만 중요한 것은 그것들은 결코 도덕 법칙이라고 인정될 수는 없다는 점이다. 왜냐하면 그러한 행동 규칙들은 그 근거나 동기에 있어 아주 조금이라도 경험적 세계의 작동원리에 기반해 있기 때문이다.

(임마누엘 칸트, 『윤리형이상학 정초』, 머리말 중 일부 내용을 풀어씀)

임마누엘 칸트(Immanuel Kant, 1724~1804): 독일 철학자. 이성론과 경험론을 종합한 인식론을 제시하였고, 경험적이고 실용적인 토대가 아닌 순수실천이성에 기반한 윤리학을 제시하였다. 대표 저서는 『순수이성비판』, 『실천이성비판』, 『판단력비판』, 『윤리형이상학정초』 등이 있다.

◪ 도덕은 문화나 역사 속에서 사람들의 관점에 따라 다를 수 있다

[지문 1]에서 역사가 헤로도토스는 부모에 대한 공경의 방식이 민족마다 각기 다름을 말하며, 이런 다양성과 차이를 존중해야 한다는 생각을 표현한다. 어느 민족에게는 끔찍할 수도 있는 행동이 다른 민족에게는 아무렇지 않거나 오히려 권장되는 행동일 수 있다는 것이다. 헤로도토스의 이런 생각은 비단 고대세계에만 있었던 것은 아니다. 현대인들은 세계 구석구석의 정보를 많이 접할 수 있게 되었고, 그래서 다양한 문화권에 상상을 초월하는 많은 다양한 생활방식과 사고방식이 존재하며, 그런 삶의 방식대로 각자 잘 살아가고 있었다는 점을 알게 되었다. 현대인들은 인류학의 발달로 인해 여러 인간사회가 실제로 어떤 규범대로 움직이고 있으며, 그 규범이 생긴 이유가 무엇인지 차츰 폭넓게 이해하게 되었다.

이로부터 생긴 생각이 바로 문화상대주의이다. 문화상대주의는 도덕이 문화의 한 부분에 지나지 않으며, 그렇기 때문에 도덕적 기준은 문화마다 다름을 인정해야 한다는 주장을 포함한다. 주로 사회학, 인류학 등 인간의 생활상을 경험적으로 관찰하고 검토하는 사회과학 분야에서 이런 입장들이 많이 제시된다.

이런 문화상대주의는 상대주의 도덕관을 제시한다. 상대주의 도덕관은 도덕이 특정한 문화나 역사 속에서 사람들의 관점에 따라 다른 것일 수 있다는 입장을 말한다. 유일신 사상을 갖고 특정한 윤리체계만을 세계의 보편적 질서라고 생각했던 서구인들에게 있어, 비서구권 세계의 다양한 삶과 문화들에 관한 경험적 정보 자료들은 그들의 기존 생각들이 편협한 것이었음을 깨닫게 하는 자극제가 되었다.

이렇게 보았을 때 가령 '부모의 장례 때에는 반드시 검은 옷을 입고 시신을 땅에 묻어야 한다.'는 규칙은 확실히 세계의 다양한 문화권의 모든 인간들이 다 지켜야 하는 것은 아닐 것이다. 서구에서는 그것이 돌아가신 부모에 대해 마땅히 지켜야 할 일이지만 말이다.

그렇다면 상대주의의 주장처럼 도덕은 문화에 따라 다른 것이라고 결론 내려도 좋을까? 문화상대주의적 도덕관은 두 가지 측면에서 성급한 생각일 수 있다. 첫째, 가령 '자동차는 우측으로 사람은 좌측으로 다녀야 한다.'는 단순히 생활의 편리를 위해 정해진 규칙이라서 사회마다 그 상황에 맞게 내용을 달리한다. 그러나 과연 이런 규칙들이 그 자체로 도덕일까? 반면 '타인을 해칠 수 있는 사고를 줄일 수 있도록 조심해야 한다.'는 도덕적 규범이라 할 수 있다. 그렇다면 '타인을 해치지 않기 위해 조심해야 한다.'라는 도덕은 어느 사회에서나 보편적으로 통용되는 것이라 할 수 있다.

지문에 나온 예는 도덕이 문화권마다 다양하다는 것을 보여주는 예라기보다 도덕을 행하는 방식이 문화권마다 다양함을 보여주는 예일 수도 있다. 부모의 시신을 먹든, 부모의 시신을 불로 태워 화장을 하든 그 문화 속에서 '부모가 바라고 기대한 효도의 행동을 하라.'는 것이 바로 도덕이며, 이런 도덕이라면 문화마다 결코 다르다고 할 수 없다. 도덕은 일일이 구체적인 행동을 지시하는 세칙들이라기보다 그 세칙들의 기저에 놓인 좀 더 근본적인 규범이라 할 수 있기 때문이다. 그 규범들은 문화권마다 보편적일 수 있다.

둘째, 어떤 문화권에서 대부분의 사람들이 그런 생각과 행동을 한다고 해서 그것이 과연 옳은 판단이고 행동이라고 할 수 있는가? 그렇지는 않다. '대부분의 사람들은 행동 A를 한다.'는 명제와 '행동 A는 옳다.'는 명제는 동일한 의미를 가지지 않기 때문이다. 그리고 앞의 명제로부터 뒤의 명제가 도출되지도 않는다. 하지만 헤로도토스의 지문에서 나타나는 상대주의적 도덕관은 어떤 특정한 문화권에서 오랜 시간 동안 많은 이들이 그런 행동 패턴을 보인다는 것만으로 그 행동이 정당함을 인정해줘야 한다는 주장을 한다.

◪ 도덕은 모든 이성적 인간에게 보편적으로 타당해야 한다

[지문 2]는 도덕은 보편적인 이성을 가진 존재들에게 모두 보편적으로 타당한 것이어야 한다고 주장한다. 이런 생각을 보편주의 도덕관이라 한다. 이 글의 저자인 칸트는 경험적 학문과 순수한 철학을 구분하며, 도덕은 후자의 접근방식으로 검토해야 한다고 주장한다. 그는 도덕을 '인간이 놓여 있는 세계 내의 정황'에서 찾으면 안 된다고 하는데, 이는 문화상대주의의 원천인 경험과학 분야, 즉 인류학이나 사회학이 윤리학을 성립시키는 토대가 아니라는 것을 의미한다. 인간은 다양한 정황 속에 그것에 맞게 다양한 행동 패턴을 표출할 수 있지만, 이를 단지 관찰하고 분석하기만 해서는 '우리가 어떻게 행동해야 옳은가?'라는 질문에 답을 할 수는 없기 때문이다.

'어떤 행동 A가 옳다.'라는 것은, '대부분 사람들이 행동 A를 해왔다.' 내지 '대부분 사람들이 행동 A가 옳다고 생각한다.'라는 명제로부터 도출되는 주장이 아니다. '1+1은 2이다'라는 명제가 '많은 이들이 1+1=2가 맞는다고 생각한다.' 혹은 '많은 이들이 1+1은 2라고 답을 쓴다.'는 근거로 입증되는 것이 아니라 그 자체의 원리에 의해 입증되어야 하듯이 말이다. 칸트는 무엇이 옳은 것인가에 대한 판단 역시 그 문제에 대해 사람들이 어떻게 생각하고 있는지에 관한 통계적인 경험적 자료가 아닌 그 자체의 이성적 근거에 의해 입증되어야 한다고 보았다. 이때 이성적 근거에 대한 판단은 인간이 보편적으로 공유하는 능력이다. 따라서 인간의 보편적 이성에 따라 내려진 도덕적 판단은 보편적일 수밖에 없다는 것이 칸트의 생각이다.

또한 칸트는 일일이 특정한 행동 하나하나를 지적하는 규범을 도덕법칙이라고 생각하지 않는다. 가령, 유대교와 기독교 전통의 규범인 십계명과 같이 특정한 행동을 지시하거나 금지하는 도덕은 진정한 도덕 법칙의 위상에 이르지 않는다. 칸트는 십계명과 같은 구체적 행동 지시형 규범이 아니라 행동의 추상적인 틀을 명령한다. 그가 주장하는 대표적인 것 두 가지만 보겠다. 그는 이 규범을 '정언명령'이라고 부르는데 이는 무조건적으로 따라야 할 규범이라는 뜻이다.

첫 번째는 보편화가능성의 법칙이라 일컬어지는 것인데, 내가 개인적으로 행동 원칙으로 삼은 준칙이 보편적 원칙이 되어 모든 이가 그 원칙대로 살아도 된다고 내가 바랄 수 있는지를 검토하고 그렇게 바랄 수 있는 준칙에 따라서만 행동하라는 것이다. 두 번째는 모든 인격을 단지 수단으로 대하지 말고 항상 동시에 목적으로 대하라는 법칙이다. 인격을 자기 의지나 자율성이 없는 사물처럼 이용하지 말고 자기 의지와 자율성을 가진 존엄한 존재로 대하라는 것이다. 이 두 법칙 모두 어떤 구체적인 행동을 지시하거나 금지하지 않는다.

하지만 거짓 약속을 하지 말라, 곤궁한 이를 외면하지 말라 등의 구체적인 지시들은 칸트의 이런 보다 근본적이고 추상적인 법칙에 의거해 판단되고 제시될 수 있는 것이다. 이렇게 규범이 맥락의 구체성을 떠나 그 근본정신이 추상적으로 제시될 경우 모든 문화 맥락을 통틀어 보편적인 설득력을 얻게 될 것이고 이런 규범은 이성적 존재자들에 의해 보편성을 획득할 것이다. 이것이 [지문 2]에서 칸트가 드러낸 보편주의 도덕관이다.

◩ 상대주의 도덕관 vs. 보편주의 도덕관

이렇게 보면, 상대주의 도덕관과 보편주의 도덕관은 서로 모순적인 입장이 아닐 수도 있다. 왜냐하면 첫째, 상대주의자들이 주목했던 도덕의 다양성이라는 현상과 도덕의 보편성은 서로 양립 가능할 수 있기 때문이다. 겉으로 드러나는 현상은 다양해도 근본 원리는 보편적일 수 있다. 따라서 상대주의

자들이 주장하는 그 다양성이 현상적인 측면에만 제한된다면 그 현상의 기저에 있는 근본원리가 보편적임을 주장하는 보편주의 도덕관은 문화상대주의와 양립 가능할 수 있다.

둘째, 양자가 서로 모순적인 입장이 아닐 수 있는 것은 문화상대주의자들이 말하는 '도덕' 개념과 칸트가 말하는 '도덕' 개념이 다른 것일 수 있기 때문이다. 문화상대주의자들이 '도덕'을 탐구한다는 것은 사람들의 도덕 심리나 도덕적 관행들을 있는 그대로 기술하는 것에 가깝다고 할 수 있다. 반면, 칸트 같은 도덕철학자들이 '도덕'을 탐구한다는 것은 '어떤 판단이 옳은가'를 따지고 '그 판단은 어떻게 정당화되는가'를 따지는 일에 해당한다. 따라서 우리는 '죄 없는 어린이를 강제로 죽여 제물을 바치는 풍습을 유지해온 A 부족은 그 풍습이 옳다고 믿는다.'라는 점과 'A 부족의 그러한 인신제사 풍습은 인격을 침해하므로 부당하다.'는 판단이 서로 모순인 것은 아니라고 볼 수 있다.

그렇다면, 상대주의 도덕관과 보편주의 도덕관의 대립구도는 말싸움을 위해 억지로 설정된 거짓 대립구도라 할 수 있을까? 그렇지 않다. 여전히 칸트적인 보편주의적 도덕관에 반대하는 상대주의가 있을 수 있다. 바로 도덕의 근본원리를 보편적인 것이 되게끔 만드는 인간의 이성 자체가 보편적이지 않다는 생각이 있을 수 있기 때문이다.

공동체주의자 매킨타이어는 『누구의 정의인가? 어떤 이성인가?』에서 정의justice와 이성rationality은 그것을 주장하는 공동체와 그 공동체의 전통과 맥락에서 동떨어져 존재하는 것이 아니라, 늘 그 공동체가 자신들의 나아갈 바를 공동으로 결정하고 문제를 해결하는 과정에서 얻게 된 것이라고 주장한다. 따라서 전통, 맥락, 상황이 저마다 다른 공동체들은 각기 다른 이성을 활용하고 각기 다른 정의관을 가진다는 것이다.

가령, 어느 공동체의 전통에서는 인격에 대한 관념도 칸트의 것과 다를 수 있으며, 그런 다른 인격관으로부터 다른 도덕법칙이 나올 수 있다는 것이다. 이때 어떤 이는 각기 문화권이 달라서 인격관이 다양해도 어쨌든 인격을 존중하라는 칸트의 보편적인 도덕법칙은 유지되는 것이 아니겠는가 되물을 수 있겠다.

일리가 있는 대응이지만 어찌 보면, 두 문화권에서의 인격관이 서로 매우 다른 상태에서 인격 존중 법칙만은 똑같이 유지되는 원리라고 대응하는 것은 보편주의 도덕을 매우 공허한 도덕으로 만들어 버릴 수도 있다. 즉, 양 갈래 선택 중에 도덕적 고민을 하는 어느 누구에게도 특정한 판단을 내리도록 도울 수 없는 하나마나한 텅 빈 이야기가 될 수 있다는 것이다.

그렇다면 이성과 정의 개념 자체를 상대화하는 상대주의적 입장에는 문제가 없을까? 다음과 같은 문제점을 생각해 볼 수 있다.

첫째, 이성과 정의가 각 공동체에 맞게 다양하게 존재한다면, 그리고 이렇게 다양하게 존재하는 이성과 정의들 간에 어떤 것이 더 괜찮은 생각인지 우리가 판단할 수 없고 그런 판단이 바람직하지도 않다면, 우리는 이런 다양성의 존중을 부정하는 이성관과 정의관마저도 받아들여야 할 것이다. 즉, 다른 공동체의 문화 전통을 부정하고 욕보이는 어떤 공동체의 전통적 생각마저도 받아들여야 하는데, 이것은 문화상대주의 자신의 논리를 파괴하는 자멸적인 귀결이다. 유대인의 사고방식과 생활방식을 모두 절멸시키고자 했던 나치주의 집단의 정의관마저도 존중해야 하는가? 이것이 바로 관용의 역설이다. 관용의 역설을 피하기 위해서는 최소한의 가치판단의 한계를 설정해야 한다.

둘째, 공동체주의적 도덕관에 따르면 우리는 우리가 속한 공동체가 지켜온 도덕만을 기준으로 삼아 사회비판을 할 수밖에 없게 된다. 하지만 우리는 우리 공동체가 지켜온 도덕관 자체를 근본적으로 비판할 필요도 있다. 그럴 때는 무엇이 판단의 기준이 되어야 하는가? 공동체에 내재된 도덕관을 기준으로 공동체가 지켜온 도덕관을 비판하는 것은 근본적인 비판이 되기 힘들어 보인다. 따라서 그런 공동체주의적 관점에서 도덕을 바라보는 사회는 근본적인 도덕적 개혁을 하기 힘들 수 있다.

자, 그렇다면 이제 보편주의적 도덕관이 승리했는가? 그렇지는 않다. 상대주의적인 철학적 견해들은 이런 문제제기에 계속 대답하기를 시도하기 때문이다. 그리고 상대주의 입장의 문제점이 노출되었다고 해서 보편주의 도덕관은 문제가 전혀 없는 것이라 할 수 없기 때문이다. 이제 더 깊이 생각할 차례이다.

교통과 인터넷의 발달과 국가간 이민이 활발해진 덕분에 어느 때보다 세계가 가깝게 만날 수 있게 된 지금, 낯선 어느 문화권 사람들의 어떤 행동까지 우리가 수용하고 어떤 행동은 규탄해도 되는지 판단하기 위해서 우리는 보편주의 도덕과 상대주의 도덕의 대립과 화해를 끝까지 고민해 보아야 한다.

학교에서 이슬람 전통 의상착용을 금지하는 프랑스의 정책

2004년부터 프랑스는 초, 중, 고 공립학교에서 부르카, 히잡 등 종교적인 전통의상을 착용하는 것을 금지하는 법안을 점차 대학교와 공공장소에 이르기까지 확대 시행해왔다. 이 과정에서 프랑스 내 8%를 차지하는 이슬람인들의 저항을 겪고 있다. 이슬람 전통 의상 착용을 금지하는 근거는 다음과 같다. 첫째, 프랑스는 공적 영역에서 세속주의를 채택하고 있어 종교적 상징물을 금지하여 종교적 차이로 인해 발생하는 문제들을 막고자 하기 위함이라는 것이다. 둘째, 여성의 활동을 불편하게 하는 성차별적인 복장을 공립 교사가 할 경우 남녀평등이라는 가치가 훼손될 수 있다는 것이다.

첫째 근거에 대해 생각해보자. 물론, 프랑스의 그 법이 이슬람 복장을 주로 단속한다는 사실을 보면 첫 번째 근거를 들어 종교적 복장 착용 금지법을 지지하려는 입장이 다소 위선적이라고 볼 수 있다. 하지만 그 문제는 별도로 두고 일단은 특정 공동체의 전통 표현의 자유와 공공영역에서의 종교중립주의(세속주의) 유지라는 두 가치가 순수하게 충돌하는 쟁점으로 생각해보자. 그럴 경우 프랑스 정부가 제시한, 모두가 다 지켜야 하는 공공영역의 보편적 기준은 특정한 종교 교리에 기반한 것이 아니라 오히려 다양한 종교인들이 평화롭게 공존하기 위해 도입한 것이라고 볼 수도 있다. 학교에서 히잡을 착용한 교사를 보며 자라난 아이는 특정 종교의 영향을 받을 수 있기 때문이다. 따라서 이 보편적 기준은 많은 다양성을 담아내기 위한 규범으로부터 나온 것이기 때문에 다양한 종교가 한 사회 안에 공존하길 바라는 이들의 보편적 이성에 부합한다고 보일 수도 있다.

하지만, 다른 측면에서 생각해보자. 그런 중립주의가 그런 식의 법을 정해야만 유지되는가? 서로 종교적 표현을 마음껏 하게 하고 다른 한편으로 타 종교에 대한 폭력과 무시를 엄벌에 처하거나 사회에서 어린이에게 다양한 종교를 체험할 기회를 사회에서 제공하면 종교 중립이라고 할 수 있지 않을까? 같은 종류의 옷을 입어야 중립이라고 생각하는 것은 보편적인 이성에 의해 지지받지 못하는 무리한 생각일 수 있다.

둘째 근거에 대해서 생각해보자. 이것은 좀 더 어려운 문제로 보인다. 이슬람 전통의 여성 복장은 남성의 복장과 달리 여성들의 활동을 억제하고자 했던 기원을 가지며, 이는 남녀평등이라는 인류 보편적인 가치관을 암암리에 훼손하여 학생들에게 안 좋은 효과를 줄 수도 있다. 어떤 종교 공동체의 관행이 보편적 인권을 훼손할 때에 우리는 어떤 판단을 내려야 할까? 문제를 더 어렵게 만드는 것은 정작 이슬람 여성들은 그들의 복장을 남녀차별의 상징으로 해석하지 않고 그들이 원해서 입는 것이라고 주장하고 있다는 점이다. 물론, 모든 이슬람 여성이 그런 것은 아니지만 말이다. 어쨌든 이슬람 여성들은 입지 않겠다는 사람은 입지 않게 하고, 입겠다는 사람은 입게 해 달라는 것이다. 보편적인 도덕적 가치를, 그것에 위배되는 것으로 보이는 특정한 공동체의 가치에 우선하여 관철하려고 하는 것은 정당한가?

이 문제를 풀기 위해 우리가 더 나아가 생각해 볼 점은 이슬람 여성의 복장이 그런 남녀차별의 기원을 가진다고 해도 그 옷이 현대 이슬람 여성에게 어떤 의미로 해석되고 이슬람 문화권 내에서 그 옷이 갖는 사회적 의미가 어떻게 재해석되어 변화했는지를 살펴야 할 것이다. 어떤 것의 역사적인 기원이 늘 그 어떤 것의 본질적 의미라고 할 수는 없기 때문이다.

또 다른 현실 논제

1. 빈곤한 국가에서 어린이 노동을 법적으로 허락하는 것을 도덕적으로 비난해야 하는가?

2. 성인 남자가 나이 어린 신부를 맞아들일 수 있다는 조혼 관습에 대해 도덕적으로 비난해야 하는가?

더 생각해볼 문제

1. 관용의 역설을 피하기 위해 필요한 최소한의 한계를 제시하는 도덕은 어떤 내용일까?

2. 사회 내재적인 가치를 기준으로 그 사회를 비판하는 것만으로 사회비판은 충분한가?

비판적 사고와 토론

4장 도덕이란 공리의 추구인가, 의무의 준수인가

영화 <제이콥의 거짓말>에서는 인간애로부터 나온 거짓말의 사례가 등장한다. 제2차 세계대전 중에 나치가 점령한 폴란드의 한 유대인 게토에는 사람들이 절망의 나날을 보내고 자살을 바라고 있었다. 이때 카페 주인 제이콥은 밖에서 우연히 연합군이 그 마을 가까이에서 나치 독일군을 물리치고 진군하고 있다는 소식을 라디오로 듣게 되었고, 이를 게토의 사람들에게 전하였다. 이 소식을 들은 사람들은 절망에서 빠져나와 활력을 되찾고 삶의 의지를 갖기 시작했다. 사람들이 희망을 찾고 살 궁리를 하게 되는 변화를 본 제이콥은 계속해서 사람들에게 희망을 주기 위해 어쩔 수 없이 거짓 소식을 전해주게 된다.

사람들은 제이콥이 독일군 몰래 라디오를 소지하고 있다고 믿고 있었다. 하지만 제이콥에게는 라디오가 없었다. 마침내 위기의식을 느낀 독일군은 라디오를 소지한 사람이 자수하지 않으면 열 명을 처형하겠다고 하였고, 제이콥은 자신이 라디오를 소지하였다고 거짓으로 자수한다. 제이콥은 모진 고문을 받으면서도, 자신에게는 라디오가 없으며 그동안의 소식은

영화 〈제이콥의 거짓말〉의 한 장면

거짓이었다는 사실을 발설하지 않은 채 결국 사형 당하게 된다. 폴란드 게토의 유대인들은 제이콥의 말들을 믿으며 자신들이 곧 해방되리라는 희망 속에 살아가게 되었다.

이 영화에서 게토의 사람들은 제이콥의 거짓말로 행복을 되찾을 수 있었다. 우리는 이러한 경우 제이콥의 거짓말을 '하얀 거짓말' 혹은 '선한 거짓말'이라고 한다. 하지만, 거짓말을 하는 것이 도덕적일 수 있을까? '선한 거짓말'이라는 말은 '둥근 사각형'이라는 개념처럼 모순적인 개념이 아닐까? 우리는 나의 이익과 행복을 위해 타인에게 거짓말을 하는 것은 당연히 부도덕하지만, 거짓말을 함으로써 결과적으로 많은 타인들이 행복해 한다면, 혹은 거짓말을 하지 않음으로써 결과적으로 많은 타인들이 고통을 겪게 된다면, 그 거짓말은 도덕적일 수 있다고 생각하기도 한다. 그 행위가 도덕적인지 아닌지는 그 행위가 산출하는 행복량을 고려하여 결정되는 것일까, 아니면 결과적인 행복량과 별도로 그 행위 자체가 옳은가 아닌가에 따라 결정되는 것일까? 제이콥의 거짓말은 도덕적인 행동인가, 도덕적이지 않은 행동인가?

지문 1

공리(utility)란 이익 당사자에게 좋은 것 즉 이익, 쾌락, 행복 등을 산출하거나 이익 당사자에게 나쁜 것 즉 손해, 고통, 불행 등을 막는 경향을 지닌 어떤 대상들의 성질을 의미한다. 이익 당사자는 개인일 수도 있고, 공동체일 수도 있다. 그런데 여기서 공동체의 이익이란 구성원 개개인들의 이익의 총합이다.

그리고 공리의 원리란, 어떤 행위가 이익 당사자들의 행복을 증가시키거나 감소시키는지, 혹은 그런 경향성을 갖는지에 따라 그 행위를 승인하거나 부인하는 원리를 말한다. 어떤 하나의 행위는 그것이 이익 당사자들의 행복을 증진시키는 경향이 행복을 감소시키는 경향보다 클 때 공리의 원리를 따른다고 할 수 있다.

사람들은 도덕을 이야기할 때에 '옳음'이라는 개념을 사용하며 이 개념은 우리의 '좋음'과 별도의 의미를 지닌다고 생각한다. 이렇듯 '옳음'이라는 말이 우리에게 행복과 유익을 주는 것, 즉 우리의 선(좋음)과 아무 관련 없이 성립하는 것이라고 가정해보자. 이러한 '옳음' 자체를 따라야 하는 근거와 동기는 어디에 있다는 말인가? 공리의 원리를 제쳐놓고 '옳음'의 근거와 동기를 찾기란 불가능하다.

(제레미 벤담, 『도덕과 입법의 원리 서설』 1장의 일부 내용을 풀어씀)

제레미 벤담(Jeremy Bentham, 1748~1832): 영국 철학자·경제학자·법이론가. 체계화된 공리주의 사상을 최초로 제시하였고, 당시 영국의 비합리적인 법률 체제와 형벌 제도에 대한 비판과 제안을 하였다. 대표 저서는 『도덕과 입법의 원리 서설』이다.

선의지는 그 선의지를 생기게 한 자연적인 심리적 기질로 인해 선하거나 어떤 목적에 유익하기 때문에 선한 것이 아니라 그 자체로 선한 것이다. 어떤 이가 선의지를 갖기에는 불리한 환경 내지 자연적 성격을 타고 났다고 해도, 그리고 선의지로 최대의 노력을 했음에도 불구하고 결실이 그다지 좋지 않았다고 해도, 그 선의지 자체는 여전히 보석처럼 온전한 가치로서 빛날 것이다. 유익함이나 무익함과 같은 성질은 선의지의 가치에 어떤 것도 보태거나 감할 수 없다.

이렇게 볼 때 도덕적 의무는 인간의 심리적 경향성 혹은 그 결과의 영향으로부터 분리해야 한다. 그 행위의 도덕성을 결정하는 것은 도덕 법칙을 따르고자 하는 순수한 존경심의 유무일 뿐이다.

어떤 행위가 지니는 도덕적 가치는 그 행위가 산출할 결과에 달려 있지 않다. 왜냐하면 행위 당사자나 타인의 행복과 편안함이라는 결과는, 도덕적 행위가 아니더라도 다른 것들에 의해 달성될 수도 있고 또한 도덕적 의무로부터 나온 행동이 반드시 행복한 결과를 산출하는 것도 아니기 때문이다. 행위가 초래할 행복한 결과는 어떤 행위가 도덕적 가치를 지니기 위해 반드시 필요한 고려사항은 아니다.

(임마누엘 칸트, 『윤리형이상학 정초』, 1절의 일부 내용을 풀어씀)

◩ 최대의 효용을 결과하는 행위가 옳은 행위이다

[지문 1]은 19세기의 영국철학자 제레미 벤담의 글이다. 벤담은 서구에서 최초로 공리주의 도덕을 체계화하여 주장하며 이를 법의 원리에 적용하자고 주장한 사람이다. 공리주의 도덕이란 공리 즉 유익함이 최대로 창출되는 행위를 하는 것을 도덕적 행위의 핵심으로 보는 도덕관을 말한다. 공리주의자들에 따라 공리에 대한 해석이 조금씩 다른데, 대체로 쾌락과 고통을 느끼는 존재들이 느낄 수 있는 행복 혹은 선호만족의 상태를 일컫는다.

공리주의의 특징은 크게 세 가지로 요약해 볼 수 있다. 첫째, 공리주의는 결과주의를 포함한다. 결과주의는 우리가 어떤 행위(정책)의 도덕성 여부를 따질 때에 그 행위가 초래할 결과를 기준으로 그 행위의 도덕성을 판단해야 한다는 입장이다. 결과에 대한 고려 없이 어떤 행위(정책)가 옳다거나 그르다거나 미리 판단하는 것은 자신의 주관적 판단에 지나지 않는다는 것이다.

둘째, 공리주의는 행복주의를 포함한다. 행복이 무엇인지에 대해 의견이 분분하겠지만, 벤담과 밀 같은 초기 공리주의자들은 행복을 쾌락과 동일시하였고, 후대의 공리주의자들은 선호만족이라고 보았다. 공리주의에 따르면, 도덕은 결국 행복을 느낄 수 있는 존재들에게 행복을 창출하는 행위를 명령하는 규범이라 할 수 있겠다.

셋째, 공리주의는 평등주의를 포함한다. 이때 평등주의란, 행복량 계산에서 행복, 고통을 느낄 수 있는 능력을 지닌 모든 개체를 모두 똑같이 동등한 행복의 그릇으로 계산한다는 "이익의 평등고려의 원칙"을 의미한다. 따라서 공리주의가 행복의 총량을 추구할 때에는, 행복을 느낄 수 있는 개체 하나하나의 행복의 합산으로서의 공동체의 이익을 추구하는 것이지, 개체 하나하나의 행복을 고려하지 않고서 추상적으로 존재한다고 추정되는 공동체의 이익을 추구하는 것이 아니다.

제레미 벤담은 그 당시 도덕과 법이 금욕주의적 도덕 혹은 신학적 도덕에 근거하고 있음을 비판하면서, 아무런 효용가치를 주지 않고 사람을 괴롭히는 도덕과 형법에 반대한다. 그 행위(법)가 인간에게 어떤 행복과 유익을 주는지 따져보고 그에 따라 그 행위(법)가 정당한지 아닌지를 결정해야 한다는 것이다. 벤담이 보기에 인간에게 유익을 주지 않는 도덕은 알맹이가 없이 관습적인 편견만이 남은 채 사람들을 괴롭히는 도덕인 것이다.

이런 관점에서 보면, 앞에 제시한 제이콥의 거짓말 사례는 도덕적인 것으로 판단될 수 있을 것이다. 즉 일반적인 경우에 있어 거짓말은 하지 말아야 할 행위이지만, 이 세상의 행복량을 늘리는 거짓말을 단지 거짓말이라는 이유만으로 고집스럽게 부도덕하다고 할 수는 없다고 판단할 것이다.

◪ 도덕적 의무로부터 나온 행위만이 옳은 행위이다

[지문 2]는 이러한 공리주의적 도덕관을 가장 열렬히 반대하는 관점이라 할 수 있다. 이 글은 18세기 철학자 칸트의 글이다. 공리주의의 체계적 옹호자 벤담이 나타나기 전이었지만, 인류의 문명 이래 공리주의적인 도덕관은 일반적인 사람들 안에서도 많이 팽배해 있었다. 칸트는 이러한 공리주의적인 도덕관의 위험성을 느끼고 그에 맞설 의무론적 도덕을 마련하고자 하였다. 의무론은 어떤 행위 자체가 도덕적 의무라는 이유만으로 행해져야 한다고 보는 도덕관이다. (신의 명령을 의무라고 보는 의무론도 있지만 지금 이 논의에서 다루는 것은 칸트의 의무론처럼 인간 이성이 인식한 도덕법칙을 의무로 보는 의무론이다.)

칸트 의무론의 특징은 크게 세 가지로 정리할 수 있다. 첫째, 도덕은 행위의 결과로 판단하기보다 행위 자체에 깃들어 있는 선의지를 기준으로 판단되어야 한다는 것이다. 결과의 좋고 나쁨은 인간의 의지를 필요로

하지 않고 '운'이나 '상황'에 의해 우연적으로 얻어질 수 있다. 칸트가 보기에 도덕은 이런 우연적인 요소에 맡겨 판단되어서는 안 된다. 그렇다면 인간이 도덕적이기 위해 노력할 필요가 없게 될 것이고 우리는 우리 행위의 도덕성을 나의 의지로써 통제할 수 없게 된다.

둘째로 칸트에 따르면, 우리는 어떤 행위가 창출하는 행복이나 경향성(마음의 끌림)에 근거해서 그 행위를 해야 한다고 생각해서는 안 되고 그 행위가 의무라는 그 이유만으로 그 행위를 해야 한다고 생각해야 한다. 의무는 도덕법칙을 준수하겠다는 의지로부터 나온 행위 근거를 말한다. 행복이나 경향성은 우리 행위를 도덕적인 것이 되도록 보장하기에는 우연적이고 주관적인 요소들이다. 무엇보다 객관적이고 보편적이어야 할 도덕을 이런 한낱 우연적이고 주관적인 행복이나 경향성이라는 토대 위에 세울 수는 없다고 칸트는 생각했다. 그 행복이 나의 이기적인 행복뿐 아니라 많은 타인의 큰 행복일지라도 말이다. 칸트는 오직 순수 실천 이성에 의해 알 수 있는 정언명령에 따라 행동하는 것이 도덕적이라고 보았다.

참고
우리가 아는 모든 규칙들이 다 칸트가 말하는 도덕법칙인 것은 아니다. 칸트가 말하는 도덕법칙은 신의 명령도 아니고, 국가지배자가 독단적으로 만든 명령과 법도 아니고, 관습에 의해 맹목적으로 받아들여진 규범도 아니다. 오직 인간의 순수한 실천이성에 의해 인식되는 정언명령뿐이다.

(정언명령에 대해서는 2부 3장 참조)

따라서 의무 중심의 칸트 도덕을 모든 규칙에 맹종하는 태도로 오해해서는 안 될 것이다. 가령 유대인을 학살한 나치협력자도 무조건 의무를 지키라는 칸트의 도덕을 따랐을 뿐이라고 술회하였지만, 그것은 칸트의 도덕을 심각하게 오해한 것이다.

셋째, 칸트에게 있어 도덕적 고려의 대상은 이성적 존재인 인간이지 동물을 포함하지 않는다. 그가 보기에 인간은 쾌락과 고통, 자연적 경향성의 메커니즘에 지배받지 않을 수 있는 자율성을 가졌기에 존엄하다. 이렇게 존엄한 존재만이 도덕적 주체가 될 수 있고 도덕적 고려의 대상이 된다는 것이다. 쾌락과 고통에 따라 움직이는 자연적 메커니즘의 지배를 받는 존재들(가령, 인간이 아닌 동물들)은 도덕적 존중을 받을 대상이 아니다. 도덕은 자연적 메커니즘을 뛰어넘는 능력을 가진 존재들에게서만 성립하기 때문이라는 것이다.

이런 관점에서 볼 때, 제이콥의 거짓말은 많은 타인의 행복을 창출하기 위해서라 할지라도 해서는 안 되는 행위라 할 수 있다. 거짓말은 칸트의 정언명령을 위반하는 대표적인 행동이기 때문이다. 실제로 칸트는 말년에 「인간애로부터 나온 거짓말을 할 권리에 대해서」라는 논문을 발표하여, 나쁜 추적자에 의해 쫓기는 사람을 도와주기 위해 나쁜 추적자에게 거짓말을 하는 것을 정당하다고 할 수 없다고 말한다. 마찬가지로 칸트는 제이콥의 거짓말은 옳은 것이 아니라고 할 것이다. 결국 연합군이 독일군을 무찔러 승리했다는 결과로 인해 좋은 효과를 주었지만, 그것은 우연적인 선함이다. 그리고 제이콥의 거짓말은 제이콥이 보기에 그 거짓말이 사람들에게 좋은 효과를 주는 것이지, 객관적으로 보면 사람들이 현실적인 상황판단을 하지 못하게 만드는 것일 수도 있기 때문이다.

◩ 공리주의 vs. 칸트주의적 의무론

앞서 제시된 각 입장의 세 가지 특징들은 두 입장 간에 세 가지 대조점을 성립시킨다. 어떤 입장이 설득력 있는지는 그 대조점들을 검토하면서 생각해 보아야 한다. 첫 번째 대조점에 관련해서 생각해보자. 도덕은 결과를 고려해서 판단해야 하는가, 결과를 배제하고 그 행위 자체가 갖는 도덕성만 고려해서 판단해야 하는가? 이 물음에 답하기 위해서는 결과주의적 도덕의 문제점과 칸트주의적 도덕의 문제점을 각각 파악하고 그 문제점을 극복할 새로운 입장을 모색해보아야 할 것이다.

결과주의 도덕의 문제로 흔히 제기되는 것은 행위 결과의 좋음이 결코 그 행위 자체의 부도덕을 정당화할 수 없는 경우가 있다는 것이다. 가령 흑인의 모든 선호 사항들을 좋아하지 않는 백인들이 많은 경우 공리주의에 근거하여 백인들은 흑인이 자신의 마을에 이주해 들어와서 자신의 선호 사항들을 요구하는 것을 막을 수 있다. 하지만 이것은 인종차별적 행위이며, 설혹 그런 인종차별적 행위가 그 사회에 최고의 선호만족량을 창출해도 정당화될 수 없는 일이다. 이렇게 결과주의 도덕은 일반적으로 말해서 인류가 절대 양보할 수 없는 인권, 자유, 정의, 약속 준수 등의 가치가 훼손될 우려가 있다는 반론에 부딪힐 수 있다.

칸트의 비결과주의 도덕관은 어떠한가? 결과를 전혀 고려하지 말아야 한다는 점 역시 문제가 있다. 가령, 누가 봐도 나쁜 결과가 곧 닥치게 될 상황에서 그 결과를 막을 거짓말을 하는 것이 옳지 않다는 것은 지나치게 혹은 고집스럽게 엄격한 도덕이라 할 수 있다. 칸트가 염려한 운적인 요소가 개입되는 결과도 있지만, 너무나 확실하게 다가오는 결과도 있다. 그리고 행위 자체가 가지는 도덕적 가치도 어차피 그 행위가 인류의 역사에서 오랜 기간 동안 인간에게 보편적으로 유익을 주었기 때문에 채택된 것이 아닐까?

두 번째 대조점에 관련해서 생각해보자. 도덕은 행복 혹은 선호 만족에 기반해야 하는가, 칸트적 의미의 의무 즉, 이성이 찾아낸 무조건적인 도덕법칙에 따르려는 마음에 기반해야 하는가? 행복이나 선호만족을 중심으로 도덕적 행위를 판단하는 것의 문제점은 그 판단이 주관적일 수도 있다는 것이다. 벤담은 사람들의 호감, 반감에 휘둘리지 않은 객관적인 기준을 제시하려고 했지만, 행복과 선호만족이라는 기준 자체는 이런 사람들의 호감, 반감으로부터 완전히 자유로울 수 없다. 하지만 이때 사람들의 호감, 반감은 이성적으로 보았을 때에 잘못 형성된 것일 수도 있고 시대와 장소에 따라 달라질 수도 있다. 공리주의는 객관적인 관점을 유지하고자 하는 도덕임에 틀림없지만, 그 자신의 취지를 살리기 힘든 요소를 그 안에 가지고 있다는 반론을 맞닥뜨릴 수밖에 없다.

하지만 그렇다고 칸트처럼 완전히 행복과 고통의 요소를 떠나 도덕의 기반을 찾는 것도 능사는 아니다. 벤담이 지적했듯이, 칸트처럼 도덕의 근거를 의무라는 요소에서 찾는다는 것은 순환 논증이 된다. 칸트에게 있어 의무적인 것은 도덕법칙에 맞는 것이다. 결국 도덕의 근거는 도덕이라는 것이다. 이런 식의 논의는 우리가 왜 도덕적이어야 하는지에 대해 아무런 대답도 하지 못한 꼴이 된다. 벤담에 따르면, 그 행위가 도덕적인 이유에 대해서는 도덕 외의 개념을 통해 대답해야 한다.

세 번째 대조점에 관련해서 생각해보자. 도덕은 쾌락과 고통을 느끼는 모든 존재들을 고려해야 하는가, 아니면 자율성과 이성 능력을 지닌 인간만을 고려해야 하는가? 이 문제는 도덕을 무엇으로 규정하는가의 문제가 해결된 이후라야 해결될 수 있다. 도덕이 쾌락과 고통을 기반으로 성립하는 것이라면, 당연히 도덕적 고려의 대상은 쾌락이나 고통 감수 능력이 있는 동물을 포함한 모든 존재로 확장된다. 인간만이 쾌락과 고통을 느끼는 것은 아니다. 그리고 인간 중에 쾌락과 고통을 느낄 능력 혹은 선호를 형성할 능력이 없거나 상실한 자는 도덕적 고려의 대상에서 제외될 수도 있다.

하지만 도덕을 자연의 메커니즘을 배제하고 도덕법칙을 사고하고 준수하는 능력에 기반하여 규정한다면, 쾌락과 고통 감수 능력이 있는 동물이라 할지라도 그 존재들은 도덕적 고려의 대상일 수 없다. 인간 중에도 동물과 같이 쾌락과 고통만 생각하며 사는 이들이 있겠지만, 칸트가 보기에 그럼에도 불구하고 그들에게조차도 그렇게 행동하지 않을 선택의 여지는 존재하기 때문에 그들은 도덕적 고려의 대상이 된다. 이렇게 볼 때, 세 번째 대조점에 따르는 문제는 앞의 두 문제들의 해결에 맡길 수밖에 없다.

공리주의와 칸트주의적 의무론은 우리에게 어떤 시사점을 주는가?

칸트주의적 의무론이 암묵적으로 가정하는 "무조건으로 지켜져야 하는 도덕법칙이 실제로 존재한다."는 생각은 현대인들에게 수용되기 힘들 것이다. 과연 그렇게 무조건 준수되어야 하는 도덕법칙의 내용을 누가 정할 수 있는지도 알기 어렵기 때문이다. 따라서 이때에는 우리 모두가 이성적으로 생각하여 어떤 도덕원칙이 우리 인간사회에 궁극적인 유익을 주는지를 공리주의적으로 판단하는 것이 훨씬 도움이 될 것이다. 하지만 우리 인간사회가 이성적으로 공리를 잘 따져 판단하여 도덕으로 삼은 어떤 원칙이 어느 정도 정립되었다면, 우리는 어떤 사소한 근시안적인 결과에 휘둘리지 않고 칸트주의자처럼 그것을 철저히 잘 지킬 필요가 있다. 그래야 진정한 최대의 공리를 달성할 수 있을 것이다.

● 현실 속으로

'더러운 손'의 딜레마–차베스는 민중의 지도자인가, 독재자인가

새로운 사회의 건설이라는 대의를 위해 정치가나 혁명가들은 부도덕한 일을 저지르는 경우가 있다. 이런 경우, 우리는 그 인물들의 행위에 대해 어떻게 도덕적 판단을 해야 할까? 과정에 있어 잘못을 저질렀지만, 바람직한 좋은 결과를 가져오기 위해 그렇게 한 것이니 그 행동은 도덕적이라고 판단해야 할까? 아니면 아무리 어떤 잘못이 바람직한 좋은 결과를 가져온다고 해도 그것은 잘못으로 비판받아야 하며 그 행위를 한 사람은 처벌을 받아야 할까? 어떤 쪽으로도 쉽사리 결론을 내리기 힘들다. 이런 문제를 '더러운 손'의 딜레마라고 한다.

2013년에 타계한 베네수엘라 전 대통령 차베스는 양가적 평가를 받는 정치가이자 혁명가이다. 그는 서민들의 대통령이라는 찬사를 받기도 하고 부정선거, 인권침해, 반대파 억압을 한 독재자라는 비난을 받기도 한다. 차베스가 대통령에 오른 이후 베네수엘라는 기간산업을 국유화하는 등의 정책을 통해 서민들이 가난에서 벗어나고 무상교육과 무상의료의 복지 혜택을 누릴 수 있게 하였다. 그의 정책으로 인해 많은 서민들은 질병, 문맹, 영양 부족과 빈곤과 같은 상태에서 벗어날 수 있었다.

한편 그의 정책은 중산층의 반발을 불러일으킬 정도로 서민과 빈민층에 집중되어 있었다. 그리고 남미를 지배권에 넣으려는 미국에 저항하여 남미 지역의 반미 연합 세력에 도움을 주었다. 이런 과정에서 그는 자신의 정책에 대한 저항들을 탄압했다. 그리고 장기집권을 하면서 빈민과 서민 중심, 반미 정책을 유지하였다.

그의 서민 정책 중심의 독재는 정당화되는가? 민주주의적 절차들이 오히려 남미를 통제권하에 두려는 미국의 영향력을 용인하는 결과를 낳고, 석유부자들의 탐욕스러운 확장을 용인하는 결과를 낳는다면, 그런 절차들은 오히려 새로운 사회 건설에 장애가 될 수도 있다. 하지만 다른 의견을 가진 사람들의 자율성을 훼손하는 비민주적 정책은 분명 잘못된 것으로 판단되어야 한다. 민주적인 절차를 인정하여 모든 의견이 다 제출되고 경합하게 한다고 할 때, 베네수엘라의 서민들은 결국 미국과 석유부자들의 지배력 확장을 지지하는 의견을 채택하지 않을 가능성도 크기 때문이다.

베네수엘라의 독립성과 서민 복지의 향상이라는 당장의 유익보다는 좋은 의견, 나쁜 의견들이 혼재한 상황에서도 자율적 판단을 할 수 있도록 하는 능력을 기를 수 있는 민주주의적 절차가 베네수엘라에게 요구되는 우선적인 가치일 수 있다. 칸트라면 차베스에게 독재의 유지보다는 좌충우돌을 겪어나갈 민주주의의 허용을 권했을 것이다. 그렇다면 공리주의적 판단보다는 칸트적 판단이 더 적절한 판단이라 할 수 있을까? 그렇지는 않다. 공리주의자 밀은 시민들에게 이런 사상과 표현의 자유는 반드시 보장되어야 한다고 말했는데, 바로 그 근거는 좀 더 우월한 쾌락을 식별하기 위해서이다. 즉 인류가 더 좋은 쾌락을 알아보기 위해서는 이런 저런 많은 경험을 할 자유, 의견을 제출하고 들을 자유가 있어야 한다는 것이다. 바꿔 말해, 자율성도 공리를 위해 존재한다는 것이다. 따라서 차베스에 대해 부정적 판단을 내릴 수 있는 공리주의적 근거도 존재한다.

그렇다면 차베스를 부정적으로 가치판단하기 위한 근거로 칸트적 근거가 더 적합한가, 아니면 공리주의적 근거가 더 적합한가? 그리고 공리주의자들은 차베스를 부정적으로 판단할까, 아니면 긍정적으로 판단할까? 더 깊이 생각해보자.

또 다른 현실 논제

1. 교화를 위해 좋은 복지환경을 제공하는 교도 정책이 바람직한가, 형벌 중심의 교도 정책이 바람직한가?

2. 회복 불가능하며 삼 개월밖에 살지 못하는 말기 암 환자에게 그 사실을 그대로 말해주어야 하는가?

더 생각해볼 문제

공리주의와 의무론을 결합시킬 방법은 없을까?

비판적 사고와 토론

5장 개인이 우선인가, 공동체가 우선인가

우리 민족은 일제 강점으로 인해 나라를 잃고 정신적 · 경제적 억압과 착취와 수모를 당했던 역사를 가지고 있다. 나라 없이는 국민 개개인이 존립하기 어렵기에 우리 선조들은 자신의 즐거움을 버리고 나라를 구하기 위한 일에 투신하였다. 하지만 또 한편으로 동서고금을 살펴보면, 국가가 국가에 속한 개인들의 자유를 제한하고 억압한 경우도 많다. 우리 민족을 괴롭혔던 일본은 다른 나라에 대한 제국주의적 침략을 자국의 영광으로 생각하며 자국민들에게 국가의 이름으로 단결하여 자신을 희생할 것을 강요하였다. 일본으로부터 해방된 우리나라 역시, 남한과 북한 모두 강력한 독재적 지도자를 중심으로 한 국가주의를 표방하여 개인의 자유를 억압했던 시대를 겪어왔다. 북한은 그 시대를 여전히 겪고 있으며, 남한은 그 시대를 상당부분 극복하고 시민으로서 자유를 소중히 여기고 누릴 수 있는 시대로 나아가고자 애쓰고 있다.

국가 공동체 없는 개인의 삶이란 비참하다. 국가 공동체가 개인의 존립의 기반이라고 생각한다면 국가 공동체가 우선인 것 같다. 하지만 국가도 결국 개인의 삶을 행복하게 해주기 위해서 생긴 것이라고 생각한다면 개인이 우선인 것 같다. 둘을 조화롭게 보면 된다고 하는 답은 너무나 쉽고 피상적이다. 이것은 진정한 문제해결이 아니다. 어떤 의미에서 조화가 되는지, 조화를 이루려는 해법들 사이에서도 좀 더 개인주의적인 관점과 공동체주의적인 관점으로 갈린다면, 이 관점들의 대립은 어떻게 해결될 수 있는지 알아볼 필요가 있다. 개인이 우선인가, 국가 공동체가 우선인가? 이 문제를 어떻게 해석하고 풀어나가야 할까?

지문 1

사람들은 자연상태를 벗어나 사회상태로 들어갈 때에 그들이 자연상태에서 가졌던 원초적인 평등과 자유를 사회에 양도한다. 이러한 양도는 오직 모든 사람이 자신의 자유와 재산을 더 잘 보존하기 위함이다. 이성적인 사람이라면 그는 현재 자신의 상황보다 더 나쁜 상황으로 자신의 상태를 바꿀 리는 없기 때문이다. 즉, 사회 상태에 들어가는 것이 각자에게 더 이익이 되는 결정이기 때문에 이성적인 존재들은 그렇게 하는 것이다. 따라서 우리는 사회의 권력, 입법부의 권력이 사회구성의 필요에 해당되는 공동선을 넘어서까지 확대된다고 상상할 수 없다. 오직 사회 구성원들 각자의 자유와 재산의 안전한 보장을 위한다는 목적하에서 사회의 권력은 국민에게 널리 공포된 일정한 법에 의해 정확히 집행되어야 한다. 우리 사회, 공동체의 물리력을 국내에서는 오직 그런 법의 집행을 위해서 그리고 대외적으로 외국의 침략을 방어하고 인민의 평화와 안전을 위해서만 사용해야 한다.

(존 로크, 『통치론』, 9장의 일부 내용을 풀어씀)

존 로크(John Locke, 1632~1704): 영국 철학자·정치사상가. 인간의 인식은 백지상태와 같고 그 바탕 위에 경험이 지식을 형성한다는 경험론을 제시하였으며, 그의 유명한 『사회계약론』은 자유주의 사상의 기초를 마련하였다. 대표 저서는 『인간 오성론』, 『정부론』 등이 있다.

지문 2

국가의 고유한 목적이 개인의 재산과 자유의 안전한 보호에 그친다고 생각한다는 것은 국가를 시민사회와 다를 바 없다고 생각하는 것이다. 그렇게 생각한다면 개인들 각자의 이익이 곧 개인들 각자가 국가를 이루는 목적이 될 것이며 국가를 이룬다는 것은 단지 임의적인 일이 될 것이다. 국가와 개인의 관계는 이렇게 볼 수 없다. 왜냐하면 국가는 주관적인 판단 혹은 이익추구의 산물이 아니라 객관화된 정신의 실현이기 때문이다. 개인이 자신의 주관성을 벗어나 객관성에 도달하여 윤리적 삶을 살 수 있는 것은 오직 국가의 구성원으로서 가능하다. 개인에게 주어진 의무는 바로 자신의 주관적 목적과 이익을 추구하는 것이 아니라 바로 이러한 보편적인 객관화된 삶을 사는 것이다. 그 삶을 가능하게 해주는 것이 바로 국가이다. 개인들이 자신의 개별적인 만족, 활동을 성취하기 위해서는 보편적인 바탕을 필요로 한다. 이것은 개인의 각자의 주관성을 떠난 이성으로 성립되는 것이며 이러한 이성을 실현한 현실이 바로 국가이다.

개인은 주관적 자유를 벗어나 객관적인 선을 제시하는 국가 안에서 진정한 자유를 실현할 수 있다. 이때 자유는 개인 자신의 완전한 발전의 성취와 자신의 권리에 대한 분명한 인식을 추구하며 이뿐만 아니라 자기 이익을 넘어서 보편의 이익과 일치하는 삶을 추구한다.

(게오르그 프리드리히 헤겔, 『법철학』의 일부 내용을 풀어씀)

게오르크 헤겔(Georg Wilhelm Friedrich Hegel, 1770~1831): 독일 철학자. 칸트에게서 시작한 주관적 관념론을 객관적 관념론으로 발전시킨 철학자이다. 모든 존재가 정(正)-반(反)-합(合)의 과정을 거친다는 변증법을 제시하였다. 대표 저서는 『정신현상학』, 『논리학』, 『법철학』 등이 있다.

개인의 이익을 보장하기 위해 국가는 존재한다

[지문 1]은 17세기 영국철학자 존 로크의 『통치론』에서 나온 것이다. 로크는 사회계약론으로 유명한 사상가인데, 『통치론』은 바로 그 사상을 담고 있다. 로크의 사회계약론에 따르면 국가라는 공동체는 단지 개인들이 자연 상태에서 자신의 자유, 생명, 재산을 안전하게 지키기 힘들기 때문에 이를 지켜줄 고안물로서 개인들이 서로 약속하고 그것을 도입하기로 의사결정하여 성립된 것이다. 로크는 국가라는 공동체를 개인적 가치들을 지키기

위한 목적의 수단으로 간주하기에 학자들은 이런 입장을 개인주의적 접근이라고 한다.

개인들은 자신들의 권리를 맡기기 위해 통치자를 임명하여 불러온다. 따라서 통치자는 개인들이 국가를 만든 그 목적을 위반하는 통치를 해서는 안 된다. 그런데 만약 그 통치자가 그 목적을 위반하는 방식으로 국가를 찬탈하고 지배하는 경우, 개인들은 그 국가를 부정하고 그 국가에서 철수하여 예전 상태로 다시 돌아갈 수 있다. 즉 로크적 생각에 따르면, 우리는 국가 없는 개인의 상태에서 국가적 활동 등을 평가하고 내가 그 곳에 들어가도 되는지 아닌지를 검토할 수 있다.

여기서 개인의 판단과 선택은 국가의 필요성마저 검토하고 따져보는 일을 하게 된다. 이러한 개인의 동의와 계약에 따라 국가의 존재를 설명하는 로크의 사회계약론에 대해 비슷한 시대의 철학자 흄은 아주 간단한 논리로 반박한다. 우리가 언제 그런 동의를 했고, 언제 그런 계약을 맺었느냐는 것이다. 우리는 눈을 떠보니 국가 안에 살고 있었고, 국가에 대한 그런 동의를 해본 적이 없다는 것이다. 이에 로크는 우리가 국가를 떠나지 않고 그 안에서 살고 있다는 것만으로 우리는 국가의 존재에 암묵적으로 동의한 셈이라고 응수할 것이다. 흄은 그런 대답도 논박한다. 국가에 동의할 수 없지만 다른 나라로 이민갈 수 없어서 그 안에 사는 사람도 많다는 것이다. 즉, 국가에 남아 있다는 것이 꼭 개인이 국가에 동의했다는 식으로 해석될 수는 없다는 뜻이다. 흄의 승리로 보인다.

하지만 로크적 견해를 해석할 때 다음을 유의해야 한다. 개인의 동의와 선택으로 인해 국가가 생겼다는 말을 이렇게 흄처럼 사실 그대로 해석할 필요는 없다. 개인의 선택이 국가를 발생시킨다는 것은 개인과 국가의 관계에 관한 어떤 역사적 사실을 있는 그대로 설명해주는 주장이 아니라,

국가의 목적이 어떠해야 하는가에 대한 정당성 확보에 관련된 주장으로 해석되어야 한다. 즉, 흄의 말처럼 사실상 우리는 국가 안에서 태어나 대부분 그 국가에 속하여 평생을 보내며 국가가 나의 자유를 위협해도 국가를 선뜻 버리지 못한다. 하지만 그렇다고 해서 국가의 목적은 그 안에 속한 개인들의 자유의 수호에 전혀 관련 없이 성립할 수 있다는 결론이 나오지 않는다. 사실을 묻는 문제와 정당성을 묻는 문제는 구분해야 한다.

국가 공동체는 개인들의 집합 그 이상이다

[지문 2]는 18~19세기 독일 철학자 헤겔의 『법철학』에서 나온 것이다. 지문에서처럼 헤겔은 로크적인 사회계약론의 입장을 비판한다. 로크의 사회계약론은 국가를 단지 개개인 시민들이 모인 집합(시민사회)으로 혼동한다는 것이다. 헤겔은 국가 공동체가 개인들의 목적을 모아 놓은 단순한 개별자들의 집합체가 아님을 분명히 한다. 그에게 국가 공동체는 부분들의 집합 그 이상이다.

헤겔에 따르면, 개인은 인류가 도달할 수 있는 최고의 객관적이고 보편적인 이성의 상태에 이르지 못한다. 개인 각자가 생각하는 주관적 가치들은 그 자체로 가장 이성적인 가치라고 볼 수 없기 때문이다. 이성적인 것은 보편적으로 성립해야 하는데, 개인적으로 추구하는 가치들은 보편적이지 않으며 중구난방이다. 헤겔은 이런 것들이 이성적인 것을 구성할 수 없다고 보았다.

하지만 인간은 보편적 이성을 따라야 완성된 존재라고 할 수 있다. 개인들의 중구난방 식의 개별적 욕구 충족을 위한 목적만을 염두에 두고 성립된 사회는 보편적 이성에 따른 집합이 아니라, 개인들의 주관적 가치들을 모아놓은 것에 지나지 않는다. 그렇게 모아놓은 것을 잘 유지하려면 국방과 치안이 필요하고 국방과 치안을 유지하려고 징세가 필요한 것이므로, 국방, 치안, 징세 등의 활동에서 멈추는 로크적 국가는 개인들의 연합 사무소 같은 의미밖에 없다.

따라서 헤겔은 국가 공동체란 바로 이런 개인들의 연합 사무소를 넘는 적극적 의미를 가져야 한다고 생각했다. 국가 공동체는 보편적 이성을 현실에 구현할 수 있으며, 개인으로서 한 인간이 그 스스로 가장 이성적인 상태에 도달하는 완전함을 실현하기 위해서는 개별성들의 총합으로 집단에 속하는 것에 그치지 말고, 보편적 이성을 구현하는 국가 안에서 자신의 의미를 찾아야 한다는 것이 헤겔의 주장이다. 개인의 자아는 국가 속에서 실현되고, 국가를 떠난 개인은 보편적 이성의 상태에 도달할 수 없기에 불완전한 자유를 누리고 불완전한 선택을 하게 된다.

로크는 국가 공동체를 떠나 그것을 평가하는 자아를 상정하지만, 헤겔에게 있어 그런 초월적이고도 개인주의적 자아는 불완전한 이성을 통해 불완전한 평가를 하는 존재이다. 그에 따르면, 개인이 진정 참된 선택의 자유를 누리려면 이성적인 국가 공동체가 제시하는 가치체계를 가치판단의 준거틀로 삼아야 한다.

개인주의 vs. 공동체주의

이제 로크의 개인주의와 헤겔의 공동체주의 간에 오갈 수 있는 논쟁을 살펴보자. 로크의 개인주의는 개인이 국가 공동체마저도 평가하고, 그것이 개인들의 목적에 맞지 않으면 국가 공동체를 부정해 버릴 수 있다고 주장한다. 하지만 국가는 많은 사람들의 역사다. 그러면 로크의 주장은 국가 공동체를 위해 자신의 목숨을 아끼지 않은 많은 애국자들의 가치를 무시하는 이론이 아닐까? 개인의 상태에 머물러 있는 자신이 필요할 때에만 타인들과 관계를 맺었다가 흩어지는 이런 개인주의는 인간 삶의 진정한 가치를 설명해 줄 수 없어 보인다.

물론 로크는 이런 공격이 오해라고 응수할 것이다. 로크적 견해는 국가가 매우 중요한 가치임을 부정하지 않기 때문이다. 국가가 중요한 가치가 아니라면, 로크가 상정한 개인들은 국가를 성립시키지도 않았을 것이다. 국가라는 가치는 개인들이 자연 상태에서 자신들의 자유를 축소해 가면서까지 만들어 내려고 했던 매우 중요한 가치이다. 로크의 개인주의는 개인의 영달을 위해서 국가가 파탄 나도 상관없다는 생각이 아니다. 오히려 로크가 상정한 개인들은 개인의 자유와 권리 수호를 위해서라도 국가가 유지되고 번성하는 것이 좋으며, 개인은 그러한 국가를 위해 자신의 무절제한 욕심을 버릴 수도 있어야 한다. 가령 국가를 지키기 위해 싸웠던 우리의 선조들이 로크적 근거에서 그런 일을 할 가능성은 충분히 있다. 다만 로크의 개인주의란 국가의 존재보다 개인의 존재가 논리적으로 앞선다는 것이며, 개인은 국가 자체를 회의하고 어느 순간에 자신의 국가에 대해서 평가할 수 있는 초월적 존재라는 점을 강조한다는 점에서 헤겔의 공동체주의 입장과 대립된다. 즉 진정한 가치판단자 혹은 평가주체는 개인이다. 국가는 그런 개인들의 판단에 따라 자신의 정당성을 입증받아야 한다.

로크는 이제 오히려 헤겔에게 이렇게 반론할 수 있다. 헤겔의 주장대로라면 개인은 자신이 속한 현존하는 국가의 결정에 무조건 따르고 그 국가 공동체가 부여하는 삶의 의미를 그대로 받아들여야 하는 것 아닌가? 내가 나치 세력이 집권한 독일에서 태어났다면 그 당시 독일이라는 국가가 나에게 부여한 삶의 의미를 따라야만 하는가? 이렇듯 헤겔의 입장은 전체주의 국가관을 정당화하는 것이 아니냐는 혐의를 받을 수도 있다. 하지만 로크를 지나치게 불합리한 이기주의로 해석하지 않고 최대한 그럴 듯하게 이해할 필요가 있듯이, 헤겔을 지나치게 불합리한 전체주의로 해석하지 않고 최대한 그럴 듯하게 이해할 필요가 있다.

첫째, 헤겔의 공동체주의는 현존하는 국가의 명령을 그대로 따르자는 입장이 아니다. 현존하는 많은 국가들은 정치적 독재자 혹은 경제 세력들에 의해 비이성적으로 운영된다. 헤겔의 입장은 이런 국가들이 자국민 개개인들에게 가하는 착취, 억압, 폭력을 정당화하기 위한 것이 아니다. 그것은 진정한 의미의 국가가 아니라 폭력적이고 기만적인 지배 집단과 그 집단에 붙들린 피지배 집단의 공존 상태일 뿐이라고 할 것이다. 헤겔이 말하는 국가 공동체는 이성적 법에 의해 움직이는 이상적인 상태의 국가이다. 즉 모든 현실 국가들이 지향해야 하는 국가의 모습을 의미한다.

둘째, 헤겔은 개인의 자유를 무시하지 않는다. 다만 그는 개인의 자유가 진정으로 실현될 수 있는 필수불가결한 선결 전제로서 보편적 이성을 실현하는 국가 공동체를 제시하는 것뿐이다. 즉, 이성적인 국가 공동체 안에서만 개인은 진정한 도덕과 진정한 자아를 찾고 진정한 선택을 할 줄 알게 된다. 공동체는 개인이 진정한 선택을 할 때 필요한 논리를 풍부하게 제공하는 원천이다. 따라서 이러한 공동체 없이 개인의 진정한 자아와 자유의 실현을 상상할 수 없다. 비이성적인 공동체에 속하여 판단하는 것보다는 그런 비이성적인 공동체를 떠나 개인적 판단을 내리는 것이 더 낫다고 생각할지도 모르지만, 헤겔이 보기에 초월적인 상태에서 개인적으로 내리는 판단 역시 이성적인 국가 공동체 안에서의 판단에 비하면 불완전하기는 매한가지이다.

이렇게 볼 때, 개인주의와 공동체주의의 간극은 다소 좁혀진다. 즉 개인주의도 공동체의 중요성을 인정하고 있고, 개인이 진정한 자유를 누리려면 공동체가 필요하다는 것을 인정하며, 이 공동체 안에서 개인은 무조건 자기 마음대로 결정하고 행위할 수 없다는 것을 인정한다. 그리고 공동체주의도 개인의 자유가 얼마나 소중한 것인지 인정하며, 오히려 개인이 진정한 자유를 행사하도록 하기 위해 공동체가 제공해야 하는 것들에 신경 쓰고 있다.

그렇다면 과연 개인주의와 공동체주의 사이에 남는 차이점은 무엇일까? 양자 모두 개인의 자유와 공동체의 가치 모두 다 소중히 여기는데 말이다. 양자의 차이는 바로 이성적 판단을 하는 주체가 누구인가에 대한 입장의 차이라고 할 수 있다. 개인주의는 개인의 이성적 판단을 강조한다. 공동체를 위한 행동도 개인이 선택하고 판단해서 할 일이다. 그렇기 때문에 개인주의에 따르면, 공동체는 개인의 자유로운 의사를 조금이라도 지도하려 하거나 막아서는 안 된다. 공동체는 개인의 가치관, 인생관 등에 대해 중립을 지키고 모든 이의 생각들을 모두 똑같이 존중해야 한다. 하지만 공동체주의는 개인들 각각이 가장 이성적인 판단을 할 수 있다기보다 개인들이 모인 공동체가 수많은 역사적 시간을 통해 일궈 낸 전통적 합리성에 따르는 것이 그나마 최선의 판단을 할 수 있는 길이라고 믿는다. 수많은 시행착오를 거쳐 수립된 공동체의 전통적 합리성은 개인의 판단보다 더 많은 지혜를 줄 수 있는 원천이기에 개인은 공동체가 주는 가치관을 길잡이 삼아 자신의 행동과 선택의 의미를 찾아볼 수 있어야 한다는 것이다.

이렇게 보면, 어느 입장이 더 설득력이 있는가? 일단 개인주의의 주장처럼 우리 개개인은 비교적 합리적인 판단을 잘할 수 있었던가 생각해보자. 나 개인의 판단이 나 자신에게도 그다지 좋지 않았던 경험을 상기할 때, 개인의 판단을 맹신하는 것이 늘 바람직한 것만은 아니라는 생각이 든다. 그리고 사실상 내가 참으로 판단을 잘했노라고 자부했던 경험을 잘 살펴보면, 사실상 내가 순전히 나 혼자 판단한 것이라기보다 내가 그동안 공동체로부터 암암리에 배워왔던 좋은 가치들에 근거한다. 또한 공동체 안에서 나의 의미를 고려해 판단한 것들도 발견된다. 그렇다면 나는 나 혼자 초월적으로 나만의 생각으로 훌륭한 가치판단을 해왔다고 할 수는 없을 것이다. 이렇게 보면 개인주의적 입장은 한계가 있는 것 같다.

그렇다면 공동체주의에는 문제가 없을까? 그렇지 않다. 공동체가 오랜 기간 일궈온 전통이 늘 바람직한 가치였던 것은 아니기 때문이다. 가령 성차별적인 가부장적 가치관은 인류 사회의 오랜 역사 속에서 여러 전통 안에 스며들어가 있다. 우리들은 그 전통 속에 살아가고 있지만 그럼에도 불구하고 그 전통 속에 스며들어가 있는 가치에 대해 비판적 반성을 할 경우가 있으며, 그런 비판적 거리를 두는 것이 바람직하기까지 하다. 전통의 합리성을 강조하는 이들 역시 전통을 무조건 받아들이자고 주장하지 않으며, 좋은 것만 취사선택해서 받아들이자고 말할 것이기 때문이다. 그렇다면 공동체의 전통들이 과연 합리적인지 아닌지를 판단하는 주체는 다시 개인에게로 돌아올 수밖에 없지 않을까?

양자의 한계를 모두 넘어설 수 있을 만한 새로운 입장을 생각해보자. 우선 개인주의에 약간 더 기울어진 대안적 관점이 있을 수 있다. 즉 공동체가 개인에게 유익한 판단을 제공해주는 역할을 한다는 것을 인정하기 때문에, 매사에 개인의 자유로운 선택이 최선이라고 보지 않으면서 결정적인 판단을 내릴 때에는 최종적으로 개인의 판단을 존중하는 것이다. 이는 매사에 개인적 판단을 기준으로 생각하지 말고 최대한 공동체적 의미를 숙고한 후 판단을 내리자는 것인데, 그럼에도 불구하고 그 판단의 최종결정자는 개인이어야 한다는 것이다.

두 번째로 공동체주의에 약간 더 기울어진 대안적 관점이 있을 수 있다. 이 관점은 개인이 공동체의 전통에 비판적 견해를 가질 수 있다는 점을 인정하면서도 다름 아닌 그 비판적 견해 역시 다른 공동체적 가치에 근거하고 있음을 인정해야 한다고 강조하는 입장이다. 말하자면, 가부장적 전통에 대해 비판적인 어떤 개인의 판단은 공동체를 초월한 기준에서 나온 것이 아니라, 그 공동체 내에 비주류 전통으로 살아 숨 쉬던 다른 저항적 문화 전통에 뿌리를 두고 있다는 것을 잊어서는 안 된다는 것이다. 이러한 입장에 따르면, 우리는 우리 유교 전통문화가 늘 불평등을 옹호하는 전통이 아님을 인식하고 그동안 주류 전통 속에 잊혔던 평등사상을 우리의 풍부한 전통 속에서 찾아내어야 한다. 현대의 많은 유학 철학자들이 바로 이런 일들을 하고 있다고 할 수 있다.

이 두 대안 중에 어떤 것을 택하든, 극단적인 개인주의와 극단적인 공동체주의의 위험을 피할 수 있다. 물론 여전히 두 대안 간에는 미묘한 차이가 존재할 것이다. 따라서 우리는 이런 대조적 관점들을 잘 고려하여 현실의 문제들을 잘 살펴볼 필요가 있다. 왜냐하면 우리나라는 강한 공동체주의적 역사와 문화를 가지고 있지만, 이런 것들이 지나치게 개인의 자유로운 생각들을 억압했던 효과도 있었기 때문에 최근 개인의 자유로운 선택의 권리를 좀 더 확보해야 할 필요가 있다. 하지만 그렇다고 마냥 개인이 선택한 가치가 무조건 보장받아야 한다고 할 수도 없는 노릇이기에, 이 문제는 구체적인 사안마다 달리 판단되어야 할 것이다. 우리나라 현실에 비추어 볼 때, 어떤 판단을 하는 것이 가장 합당할지 다음에 이어서 구체적으로 생각해보자.

● 현실 속으로

외국 국적 취득을 위한 원정 출산의 문제

언젠가부터 우리 사회에서는 자녀가 커서 미국 국적을 취득할 수 있도록 하기 위해 미국 영토 안에서 아기를 출산하는 '원정 출산'이 많아졌다. 자신의 아기가 미국 국적자가 되면 나중에 아기의 부모도 쉽사리 시민권을 얻을 수 있게 된다. 성인 상태에서 미국 국적 획득을 위해 번거롭고 어려운 단계를 거쳐야 하는 것보다 이런 방법을 이용하면 훨씬 쉽게 미국 국적을 취할 수 있다. 이러한 소위 '원정 출산'을 두고 오래전부터 우리 사회에는 이 행동이 개인적 선택이니 전혀 문제가 안 된다는 입장과 나를 형성해 온 공동체를 쉽게 부정하는 행동이기에 바람직하지 않다는 논란이 일었다.

이민을 도덕적으로 부정적으로 생각하지 않는다면, 원정 출산으로 국적을 얻는 것이 무엇이 문제냐고 생각할 수도 있다. 하지만 둘 사이에는 다소 차이가 있다. 절차에 맞게 이민을 결정하는 경우에는 많은 고민과 이민 갈 새로운 국가 공동체에 대한 지식과 정보가 필요하며, 시민적 책무성에 대한 심사와 그것에 적합한 요건들이 필요하다. 또 새롭게 속할 공동체의 의무는 무엇인지도 생각해봐야 한다. 하지만 원정 출산을 통해서는 이러한 과정이 간단하고 편리하게 이루어진다. 새로운 국적취득이 후자의 경우에는 개인의 편리성으로 쉽게 해결된다.

그렇다면 원정 출산을 통해서 이렇게 간단하고 편리한 방법으로 새로운 국적을 얻는 일이 잘못된 것일까? 개인이 자신의 이해타산을 고려하여 그 자신의 여러 면모를 형성해 온 공동체(국가 공동체, 민족 공동체, 문화 공동체 등)를 떠나는 것이 비난할 만한 일인가? 한편으로는 내가 속한 공동체가 나의 인생에 그다지 도움이 안 되고 오히려 손해만 끼치는 것으로 보인다면 나는 그 공동체를 신속히 떠날 선택을 해도 괜찮은 것이라 생각할 수도 있다. 하지만 다른 한편으로 나는 내가 몸담고 살아 왔던 공동체 속의 수많은 애착관계들을 소중히 여겨 왔고 그런 가치들에 의해서 내가 나일 수 있었다고 생각할 수 있다. 그렇다면 나는 그 공동체가 나에게 준 가치들에 대해 감사하면서 그 공동체가 좀 더 바람직한 공동체가 되도록 애쓰는 노력을 해야지, 나에게 흡족하지 않다고 해서 그 공동체를 훌쩍 떠나버리는 것은 책임감 없는 선택이 될지도 모른다.

자신의 국가 공동체를 떠나 그것을 판단하고 평가함으로써 다른 여러 국가들 중에 하나를 선택하는 일은 허용되어야 할까? 이것이 과연 바람직한 일일까? 국가 공동체가 마치 동호회 카페처럼 가입과 탈퇴가 쉽고 자유로워진다면 어떻게 될까? 곰곰이 생각해보자.

또 다른 현실 논제

1. 내가 원치 않는 당이 지속적으로 집권하고 있는데, 나에게 내가 바라는 정치를 하는 나라로 이민 갈 기회가 생겼다. 나는 이민을 갈 것인가?

2. 미국 남북 전쟁 시기에 남부 출신의 로버트 리 장군은 남부 미국인들의 간곡한 요청에 의해 남부군 지휘를 맡아 북부군과 싸우게 된다. 리 장군 개인적으로는 흑인노예제 폐지에 찬성하지만 자신의 지역 공동체를 지킬 필요가 있었다. 리 장군의 남부군 지휘는 바람직한 선택이었는가?

더 생각해볼 문제

1. 현대 자유주의의 시도처럼 개인주의적 접근법으로 개인 재산에 대한 국가의 개입을 정당화할 수 있을까?

2. 현대 공동체주의에서 제시하는 전통과 실천양식 자체가 정의롭지 못한 경우 개인은 무엇을 기준으로 가치판단을 해야 하는가?

비판적 사고와 토론

6장 정당한 소유와 분배의 몫은 무엇인가

노력해서 얻었든 거저 얻었든 간에 나에게 어떤 부와 소득이 주어졌다면 그 소유물은 정당하게 나만의 몫이라고 할 수 있을까? 어떤 이들은 한 사람이 벌어들인 엄청난 소득이 그 사람의 능력만으로 이뤄진 것이 아니며 알게 모르게 작용한 사회적 협력의 산물이므로 그 소득을 온전히 그에게 돌리는 것은 옳지 않다고 생각한다. 하지만 또 다른 이들은 그 소득이 그의 뛰어난 능력과 노동과 행운으로 인한 결과물인데, 소득이 남들보다 훨씬 많다는 이유로 높은 세금을 부과하는 것은 그의 능력의 결과를 국가가 부당하게 착취해 가는 것이라고 주장한다.

어떤 것이 나의 정당한 소유이고, 나에게 돌아올 정당한 분배의 몫은 무엇일까? 내가 나의 능력과 노동과 운을 통해서 수중에 넣게 된 재화는 온전히 정당한 나의 몫이라 할 수 있을까? 아니면, 정당한 나의 몫으로 인정되기 위해서 어떤 다른 근거가 필요할까?

지문 1

평등론자들이 원하는 분배 상태를 D1이라고 하자. 이 상태에서 모든 이가 똑같은 몫을 가질 수 있고, 그 몫은 자신이 택한 어떤 이유로 인해 변화할 수도 있다. 이제 D1체제가 끝까지 유지될 수 있는지, 그리고 그 체제가 바람직한지 알아보겠다. 다음과 같이 사고실험을 해보자.

입장 수입을 크게 올릴 수 있는 인기 농구 선수 조던이 있다. 여러 농구팀들이 서로 그를 스카우트하려 하는데 그는 한 팀과 다음과 같이 계약한다. 홈 게임마다 입장권 한 장 가격 중에서 5달러가 그의 몫이다. 사람들은 입장권을 살 때 5달러를 조던의 이름이 붙어 있는 상자에 별도로 넣는다. 사람들이 생각하기에 그 돈은 그에게 주어도 아깝지 않은 것이다. 그래서 결국 조던이 미국인 평균 수입보다 훨씬 많은 수입을 얻게 되었다고 해보자. 그는 이 수입에 대한 소유권리가 있을까?

사람들이 자발적으로 조던에게 돈을 준 바람에 생겨난 새로운 분배 상태를 D2라고 해보자. D2는 조던 한 사람의 수입이 다른 시민들과의 수입에서 너무 심하게 격차가 벌어지는 분배상태를 보인다. 그렇다면 이것은 부정의한 것인가? 관객 각각은 당연히 D1에서 소유하고 있던 재산을 마음대로 할 권리가 있다. 이들 각각은 자신들의 돈 중 5달러를 조던에게 줄 것을 자유롭게 선택했다. 즉 많은 이들이 그 돈을 조던에게 주는 데 동의했다. 만약 D1이 평등론자들이 생각한 것처럼 정의로운 분배체제라면 그리고 사람들이 D1에서 그들 몫의 일부를 양도하여 D1로부터 D2로 자발적으로 이행했다면 D2 역시 정의롭다. 사람들이 D1하에서 자신의 재산에 대해 소유 권리를 가진다면, 이 권리는 재산을 교환할 권리도 포함하기 때문이다.

사람들이 정의로운 체제 D1로부터 자유의사에 의해 D2체제로 이행했다는 것은 D2체제 역시 정의롭다는 것을 말하며, 만약 국가가 이러한 D2체제 안에서 소득격차가 심하다는 이유로 D2를 평등분배체제인 D1으로 다시 되돌리려고 한다면 사람들의 자유의사에 부당하게 개입하는 수밖에 없다. 따라서 D1체제로 돌아가려는 국가적 개입은 현실적으로 번잡스럽고 도덕적으로 봐서도 바람직하지 않다.

(로버트 노직, 『아나키, 국가, 유토피아』의 일부 내용을 풀어씀)

로버트 노직(Robert Nozick, 1938~2002): 미국 철학자·하버드대학 철학과 교수였으며, 인간 행위의 합리성에 대해 연구한 학자이다. 롤즈의 정의론을 비롯한 평등주의적 분배론을 비판하였고 자유지상주의 정치철학을 옹호하였다. 대표 저서는 『아나키, 국가, 유토피아』 등이 있다.

사회협력체의 참여자들이 어떤 합의를 통해 사회협력의 참여자로서 자신이 정당하게 누려야 할 몫을 정해 줄 원칙들을 채택한다고 상상해보자.

내가 말하고자 하는 정의관에 따르면, 평등한 원초적 입장이라는 것은 전통적인 사회 계약론에 있어서 자연상태에 해당한다. 그것은 사회협력자들의 몫을 정해주는 분배 정의원칙을 도출하기 위해 설정된 가상적 상황이라고 보면 된다. 우리가 이러한 상황에 들어가서 우리 사회를 다스릴 정의원칙을 도출한다고 상상해보자.

이 상황의 특징은 아무도 자신의 사회적 지위나 계층상의 위치를 모르며 누구도 자기가 어떠한 소질이나 능력, 지능, 체력 등을 천부적으로 타고났는지를 모른다는 점이다. 심지어 당사자들은 자신의 가치관이나 특수한 심리적 성향까지도 모른다고 가정된다. 이렇게 나 자신에 대한 정보가 가려져 있는 상태를 '무지의 베일'이라고 해보자. 즉, 정의원칙의 합의 당사자인 나는 원초적 입장에 들어가면 반드시 무지의 베일을 쓴 상태가 된다고 가정해보자.

분배에 관련된 정의원칙을 정하는데 굳이 왜 그런 가정을 할까? 그런 상황 속에 놓여 있어야만 우리는 우리 사회를 다스리게 될 정의원칙들을 선택함에 있어서 아무도 자신의 타고난 우연적 요소나 사회적 여건의 우연적 요소를 끌어들여 정의원칙 채택 이후에 유리하거나 불리해지지 않을 수 있다. 모든 이가 유사한 상황 속에 처하게 되어 아무도 자신의 특정 조건에 유리한 원칙들을 구상할 수 없기 때문에 무지의 베일을 쓴 상태에서 선택한 정의의 원칙들은 공정하게 결정되었다고 할 수 있다. 그렇다면 이렇게 공정한 결정을 하도록 고안된 원초적 입장 속에서 사람들은 어떤 원칙을 채택할까?

그 상황 속에서 사람들은 다음과 같은 두 개의 원칙을 채택할 것이다. 첫 번째 원칙은 정치적 차원에서 기본적 권리와 의무의 평등한 분배를 명령할 것이다. 반면 두 번째 원칙은 사회적·경제적 불평등에 대한 조정을 명령할 것이다. 사회적·경제적 불평등을 완전히 없애자는 명령은 아니다. 다만 그 불평등은 정당한 근거가 있을 때에만 허용된다. 즉, 재산과 권력의 불평등을 허용하되 그것이 모든 사람, 그 중에서 특히 사회의 최소 수혜자에게 그 불평등을 보상할 만한 이득을 가져 오는 경우에만 정당한 것임을 내세우는 것이다.

왜 최소 수혜자에게 몫을 챙겨주는 분배원칙이 채택될까? 내가 원초적 입장 안에서 무지의 베일을 쓰고 나에게 나중에 돌아올 몫을 결정하려 할 때, 나는 그 사회에서 가장 불우한 처지에 있는 최소 수혜자일 가능성에 대비하는 것이 좋을 것이다. 따라서 원초적 입장에 놓인 합의 당사자들은 모두 자신의 처지를 모르기 때문에 최소 수혜자의 몫이 그나마 나은 분배체제의 원칙을 정의원칙으로서 선택할 것이다.

(존 롤즈, 『정의론』 중 일부 내용을 풀어씀)

존 롤즈(John Rawls, 1921~2001): 미국 철학자·하버드대학 철학과 교수였으며 공리주의에 대한 대안으로서 『정의론』을 썼다. 또한 평등주의적 자유주의가 가능할 수 있음을 보여 자유주의의 새로운 방향성을 제시하였다. 대표 저서는 『정의론』, 『정치적 자유주의』, 『만민법』 등이 있다.

개인이 얻은 재화는 그의 정당한 몫이다

[지문 1]은 자유지상주의 철학자 로버트 노직의 대표적 저서 『아나키, 국가, 유토피아』의 한 부분이다. 자유지상주의란 개인의 정치적·경제적 자유의 절대적 정당성을 피력하는 입장을 말한다. 한 개인이 국가에 의해서 정치적 자유를 훼손당할 수 없다는 주장에 대해 현대 대부분의 사상가들은 이견이 없을 것이다. 하지만 한 개인의 경제적 권리, 소유권이 절대적인 권리인가라는 문제에 있어서는 현대 자유주의 사상가들 내에서도 의견이 분분하다. 이때에 노직은 개인 자신이 기존에 갖추고 있는 능력, 인간관계, 노동, 운으로 인해 얻게 된 모든 재화가 국가에 의해서 절대 침해될 수 없는 고유의 개인적 권리라고 주장하는 소유권리론을 제시한다.

그는 인간에 대한 존중이 그 자신이 소유한 것에 대한 존중이라는 생각으로부터 출발한다. 이 생각을 이루는 노직의 전제들, 그리고 추론을 살펴보자.

인간은 각자가 자신을 소유한다. 그리고 이러한 자기 자신에 대한 소유는 너무나 당연하고 정당하다. 따라서 자기 자신이 소유한 능력, 노동, 운으로부터 얻게 된 재화를 정당하게 소유할 수 있다. 이것이 바로 노직이 주장하는 정의로운 최초의 취득의 원리이다. 그리고 노직은 개인이 자유롭게 선택하는 것이 정당한 일이기 때문에 이런 소유물을 자신의 자유로운 의사에 따라 처분하고 양도, 거래하는 것 역시 정당하다고 본다. 이것이 노직이 주장하는 두 번째 원칙 곧 정의로운 이전移轉의 원칙이다. 마지막으로 이런 자유거래의 과정에서 사기, 강제 등 부당한 일들이 개입될 수 있는데, 이런 부당한 일의 결과가 발생한다면 그것을 고치는 데에는 시정是正의 원칙이 제시될 수 있다.

[지문 1]에서 보았듯이, 노직은, 사람들이 아무리 자신들이 원하는 분배체제(완전평등의 분배체제라고 해보자.)로 시작한다고 해도 그 사회 사람들이 어떤 기준에 따라 짜 맞춰 놓은 분배 상태는 결국 무너지게 되어 있다고 강조한다. 노직에게 있어 한 개인이 취득한 소유물은 사회적 차원에서 사회적 기준을 마련해 재분배되어서는 안 된다. 그런 분배는 다시 개인들의 자유 선택에 의해 어차피 소득불평등의 상태로 다시 되돌아갈 것이기 때문에 무익하며, 재화의 출처가 개인의 자기 소유권에 있다는 사실을 망각한 채 이뤄지는 부당한 개입이기 때문에 역시 바람직하지 않다는 것이다. 소유와 분배에 대한 이러한 관점은 당연한 생각인가? 소유와 분배를 바라보는 다른 관점을 살펴보자.

◩ 개인이 얻은 재화라도 사회 정의에 맞게 분배되어야 한다

[지문 2]는 평등주의적 자유주의 철학자 존 롤즈의 대표적 저서 『정의론』의 한 부분이다. 그는 학문의 제일 덕목이 진리라면 사회제도의 제일 덕목은 정의라는 전제하에 사회의 기본구조를 다스릴 정의원칙을 성립시키려 애쓴다. 그는 정의란 각자에게 마땅한 몫을 주는 것이라는 아리스토텔레스의 개념 규정을 기본적으로 받아들이면서 각자에게 마땅히 돌아가야 할 몫이 무엇인가를 탐구한다. 롤즈는 각자 개인들에게 돌아올 몫은 도덕적으로 봤을 때 우연적이고 임의적인 요소에 근거해서 정해지면 안 된다고 생각하였다. 내가 타고난 부모의 재산, 나의 능력과 소질은 참으로 우연적으로 얻은 것이다. 누군가는 유리한 것들을 물려받았고, 누군가는 불리한 것들을 물려받았다. 보통 우리는 이렇게 우연적인 요소들에 의해 어떤 이가 향유할 재화가 많거나 적어지는 것에 대해 불공정하다고 느낀다. 그런데 우리가 가진 것들 중에는 사실 우연적 출처에서 얻어진 것들이 많다. 롤즈는 노력하고자 하는 강한 의지나 심리마저도 우연적 요소에 의해 영향을 받는다는 점을 우리가 인정해야 한다고 말한다. 흑인과 여성이 차별받던 시대에 많은 이들이 자신들의 성취동기를 자연스럽게 갖기 어려웠다는 점을 상기하면 이해가 될 것이다. 이렇게 사회적 영향으로 인한 것 외에도 유전적 소질이나 체질과 기질에 따라 성취동기가 영향을 받기도 한다.

그래서 롤즈는 사회협력의 산출물(재화들)을 분배할 정의원칙을 결정함에 있어 도덕적으로 봤을 때, 이런 우연적인 요소들에 영향받지 않는 공정한 장치를 가상으로 만들어 놓는다. 이 가상의 상태에서 정의원칙을 도출할 각 사람들은 자신에게 유리한 사회 정의 원칙을 선택하지 않도록 각자가 자신의 성별, 종교, 재산상태, 지능, 신체상태, 심리적 경향성 등을 가려 놓은 무지의 베일을 쓴 채로 정의 원칙을 결정한다. 이런 상태에서 우리는 어떤 분배 정의 원칙을 선택할까? 롤즈에 따르면, 그 가상의 상황에 놓인 사람들은 자신의 운명을 좌지우지할 중대한 사회의 정의원칙을 고르는 일에 있어 매우 신중한 전략을 취할 것이고, 여러 가능한 사회 중에서 그 사회의 가장 불우한 계층의 처지가 제일 나은 사회를 택할 것이다. 내가 무지의 베일을 벗었을 때 알고 보니 내가 가장 불우한 계층에 속해 있을 가능성이 있는데, 사람들은 그것에 대비해야 한다는 전략을 취한다는 것이다. 따라서 가상의 상태에서 사람들이 선택할 정의 원칙은 가장 불우한 계층이 가장 나은 상태가 되도록 하는 분배 정의 원칙이라는 것이다.

이런 정의 원칙에 따라 운영되는 사회는 어떤 사회일까? 롤즈는 사회 구성원들이 서로 불평등한 소득을 얻는 것을 인정하지만, 그 불평등한 소득은 정의 원칙이 요구하는 바를 충족한다는 전제하에 인정되는 것이라고 말한다. 즉, 불평등은 그 자체로 당연한 것이 아니라 정의로운 분배 기준에 위배되지 않은 결과일 경우에만 정당화되는 것이다. 그 정의로운 분배 기준이란 그 사회의 최소 수혜자(사회협력의 산물을 가장 적게 누리는 자)들의 처지를 높여야 한다는 원칙을 말한다. 이런 사회에서는 많이 가진 자들의 재산 소유가 당연한 권리라기보다는 늘 최소 수혜자들의 처지 향상에 도움이 되는지에 그 정당성이 달려 있다.

◪ 소유권리론 vs. 분배정의론

노직과 롤즈는 둘 다 '정의'를 말한다. 각자에게 마땅한 몫을 주는 것이 정의라는 생각에 일치하고 있지만, 그 "마땅한 몫"이 무엇인지에 대해서 서로 다른 생각을 펼치고 있기 때문에 실질적으로 서로 다른 내용의 주장을 제시하고 있다. 그렇다면 그들의 차이는 어디서 발생한 것인가?

가장 근본적인 차이는 다음과 같이 발생하는 것으로 보인다. 노직은 자신이 태어날 때부터 가진 배경, 능력, 노동력 등이 그 자신이 정당하게 향유할 수 있는 것이라고 생각한 반면에, 롤즈는 사회 성원들의 정당한 몫을 정하는 데 있어 그런 것들은 도덕적 관련성이 없는 요소들이라고 보았다. 즉 그는 내가 어떤 몫을 정당하게 누리는 데에 있어 이 몫을 결정해 주는 도덕적 근거가 내가 우연적으로 받아 누린 나의 배경, 능력, 소질 등이 되어서는 안 된다고 생각했다. 누구의 생각이 더 맞게 들리는가? 우리는 노직의 말이 더 맞는다고 생각할 수도 있다. 왜냐하면 롤즈의 주장처럼 내가 우연히 가진 배경, 능력, 노동력, 소질, 기질 등이 내게 재화를 소유하게 해 주는 정당한 요소가 아니라 우연적 요소라면 나의 배경, 능력, 노동력, 소질, 기질 등을 부정해야 할 판이기 때문이다. 즉, 이것은 내가 정당한 나의 몫을 얻는 데에 있어 이런 요소들을 활용하지 말아야 한다는 말이다. 과연 롤즈는 이런 무개성의 획일적인 사회를 꿈꾸었던 것인가?

그것은 오해이다. 롤즈는 그런 우연적 요소들로 인해 재화를 획득하는 일 자체를 부정하지 않는다. 우리는 우리 각자가 우연적으로 가진 능력, 소질, 기질 등을 활용하여 사회협력의 산물을 만들어 낸다. 그리고 우리는 그 사회협력의 산물을 놓고, 우연적 요소의 근거가 아닌 정의로운 근거에 따라 분배하도록 해야 한다는 것이다. 그 정의로운 근거란 공정하게 구성된 가상의 상황에서 얻어진 정의원칙을 말한다.

지금까지 노직의 생각과 롤즈의 생각이 어떤 지점에서 갈라지는지, 그리고 그 갈라지는 두 관점은 어떤 내용을 가지고 있는지 탐색해보았다면, 이제는 각 관점이 서로를 어떻게 공격하는지 살펴보겠다.

첫째, 노직은 조던의 예에서 제시했듯이 평등한 분배상태가 오래 못 갈 것이며, 이러한 사회적 기획에 따른 분배상태가 유지되려면 끊임없이 국가가 개인들의 자유 선택에 개입을 해야 하는데 이는 개인의 기본적인 권리를 침해한다고 롤즈를 공격한다. 이에 대해 롤즈는 어떻게 대응할 수 있을까? 롤즈는 개인의 자유는 다른 모든 개인의 자유와 양립가능하다는 전제하에서 존중된다고 볼 것이다. 즉, 어떤 한 개인이 자유를 완전히 누리는 대신, 다른 많은 개인들이 그로 인해 심각하게 그들의 자유를 제한받는 상태에 놓이게 된다면, 그 자유는 인정될 수 없다는 것이다. 한 사람의 막대한 소유상태는 다른 많은 이들이 최소한의 경제 기반에서 삶을 영위할 자유를 심각하게 훼손할 수 있다는 점을 우리는 생각해 볼 수 있다. 그리고 일부에 몰린 부와 그로 인해 생긴 경제적 힘은 다른 많은 타인들의 정치적 영향력에도 영향을 미쳐 다른 이들이 평등하게 누려야 할 정치적 권리를 실질적으로 축소할 가능성도 있다는 점을 노직이 생각할 필요도 있다.

둘째, 노직은 분배 몫의 정당근거를 생각함에 있어 롤즈가 개인의 능력 등을 지나칠 정도로 우연적인 요소로 간주한 탓에, 복지병과 같은 안일한 태도를 사회에 퍼뜨릴 수 있다고 문제제기할 수도 있을 것이다. 노력하는 태도조차도 정당한 몫의 관련적 근거가 아니라고 말한다면, 누가 노력할 마음을 갖겠는가? 노력하지 않는 어떤 이가 자신은 그런 천성을 타고 났으니 이런 나도 기본적인 생활을 할 수 있게 국가가 생활을 보장해달라고 말할 수 있게 된다면 롤즈의 관점은 우리에게 매력적으로 다가오지 않을 수도 있다. 이런 생각은 노직뿐만 아니라 롤즈의 평등주의적 자유주의의 취지에 동감하는 많은 이들도 이 부분에서 롤즈가 입장을 수정할 필요가 있다고 생각할 수 있다. 롤즈의 평등주의적 자유주의의 취지에 동감하는 이들은 롤즈가 그 부분을 수정한다고 해서 사회정의의 원칙에 따라 재화를 분배해야 한다는 롤즈의 핵심 아이디어가 무너진다고 생각하지 않을 것이다.

노직의 관점과 롤즈의 관점이 우리 사회에 주는 함의는 무엇일까? 노직의 관점을 받아들인다면, 우리는 우리 사회의 최소 수혜자들이 자신의 자유

선택과 능력과 소질과 운에 의해 그런 상태를 맞이한 것이므로, 국가가 나서서 그들의 처지를 향상시키도록 노력할 필요가 없다고 판단해야 한다. 그것은 국민 개개인들이 자유롭게 선심을 발휘하여 해결할 일이다. 국가는 자유 시장, 자유 무역, 자유 거래에 개입하지 말고 그런 것들에 의한 결과를 정당하게 받아들여야 한다. 롤즈의 관점을 받아들인다면, 우리는 내가 최소 수혜자의 위치에 있었을 수도 있다는 가능성을 늘 생각하며 그들의 처지가 향상되는 정책을 취해야 한다. 막대한 부가 일부 개인과 집단에 집중되는 현상에 대해 지속적으로 국가가 개입하여 그 소득격차가 최소 수혜자들의 처지를 향상시킨다는 전제하에서만 정당화될 수 있도록 조정되어야 한다. 이렇게 롤즈의 관점에서 볼 때, 최소 수혜자들이 최소의 생활수준을 갖추는 것은 시민들의 개인적 선심에 달려 있지 않고 국가가 부여한 시민의 기본적 권리에 의해 보장된다.

● 현실 속으로

기본소득제: 모든 사회 구성원들에게 기본소득을 제공하라

최근 몇 년 사이에 우리나라에도 기본소득제를 연구하고 주장하는 움직임이 생겼다. 기본소득제란 모든 사회 구성원들에게 아무 조건 없이 일정하게 기본소득을 제공하는 정책을 말한다. 매우 이상적이고 비현실적인 정책이라는 생각이 먼저 들 것이다.

하지만 2013년 스위스에서는 모든 국민에게 매월 한화 기준 300만 원이라는 소득을 제공하는 기본소득제 법안에 대한 국민 발의가 있었고, 몇 년 뒤 이 발의는 가부간 결정이 내려질 것이다. 이와 유사한 방식으로 미국 알래스카 주에서도 기본소득제 원리에 입각하여 1976년 석유 판매 수익의 최소 25%를 적립하는 영구기금을 설치한 뒤, 1982년부터 매년 주민 한 사람당 1천 달러 안팎을 배당해주고 있다.

물론 우리나라에서 기본소득제 도입을 연구하는 이들이 스위스에서 제시된 금액만큼을 우리나라의 적정 기본소득지급액으로 생각하고 있지는 않다. 우리나라에서 이 제도가 도입될 경우 현실적으로 가능한 지급 금액은 월 30만 원 정도라고 한다. 노인들에게 지급되는 기초연금이 전 국민에게 확대된 것이라고 보면 된다.

그런데 흥미롭게도 대학생들에게 기본소득제 도입에 대해 물어보면 대부분 부정적인 답이 많다고 한다. 아무 이유 없이 소득을 주는 제도가 의심스럽다고 보기 때문이다. 즉, 대학생들은 자신의 능력을 통해 자신이 소득을 얻을 수 있다고 생각하는데, 기본소득제가 도입되면 베짱이형 인간들이 늘 것이라고 생각한다. 하지만 자신의 능력을 키우기 위해 필요한 기본소득이 제공되는 것에 대해 물어보면 대학생들은 긍정적인 답을 한다고 한다. 등록금, 학원비를 벌기 위해 아르바이트로 소비되는 시간을 아껴서 자신의 능력 개발에 힘쓸 수 있기 때문이다. 그러고 보면 기본소득제는 모든 국민이 진정한 기회 균등을 얻기 위해 최소한도로 필요한 소득을 제공하는 제도일 수도 있다.

이 제도는 좌파, 우파에 상관없이 지지받기도 하고 비판받기도 한다. 좌파적 관점이라고 생각하기에 이 제도는 생산수단의 공유보다 소비를 진작시키므로 자본주의 성장에 도움이 될 수 있는 소지가 있다. 우파적 관점이라고 생각하기에는 막대한 부를 가진 계층의 소득을 이동시키는 국가적 개입을 용인하는 제도적 측면이 있다.

가장 많이 제시되는 현실적 비판은 '복지병'의 문제와 재원 마련의 문제일 것이다. 기본소득제에 대한 연구와 정보를 알아보고 이런 비판에 대해 논의해보자.

또 다른 현실 논제

1. 일명 부유세라고 불리는 버핏세에 대해 조사해보고 이 정책이 도입되는 것이 좋은지 토론해보자.

2. 토지공개념에 대해 조사해보고 이 정책이 도입되는 것이 좋은지 토론해보자.

더 생각해볼 문제

우리가 주인 없는 어떤 재화를 최초로 소유할 수 있는 근거는 무엇일까?

7장 돈으로 사고팔 수 없는 것이 있는가

프랑스의 유명한 실존주의 철학자이자 문학가인 장 폴 사르트르는 말한다. "자유롭다는 말은 자기가 원하는 것을 획득했다는 의미가 아니라, 오히려 그 반대로 원하는 것을 스스로 결정한다는 의미다." 21세기를 살아가는 현대인, 우리에게는 과거에 비해 더 많은 소득과 권리가 주어졌다. 더 나은 삶을 위한 자발적 선택의 기회는 증대하였고 기술 발달에 힘입어 바라는 것을 누릴 수 있는 자유의 폭도 신장되었다.

오늘날 불임부부는 인공수정으로 아이의 출산을 기대할 수 있게 되었고 비만이라면 수술요법으로 체중을 줄일 수도 있다. 외적으로 더욱 아름다워지길 원한다면 유명한 성형외과의 수술도 가능해졌다. 현대 시장경제체제에서는 이렇게 일정 재화를 지불하고 얻고자 하는 것을 획득할 권리가 주어졌다. 개인의 자유에 달린 문제다.

물론 일부에서는 각자의 판단과 선택에 대해 나은 기술과 혜택을 사는 일을 두고 '된다/안 된다', '옳다/그르다'의 도덕적 논의가 한창이지만, 그렇다고 해서 그러한 행위가 사회적으로 지탄의 대상이 되지는 않는다. 오히려 자신의 행복을 위한 결정으로 인정받아가는 추세이다. 심지어는 그것이 건강상의 심각한 부작용을 불러오는 잘못된 선택일지라도 말이다.

인간은 존재하는 한 기본적으로 끊임없이 무엇인가를 선택하고 실천한다. 결정은 계속되고 자신을 위해서, 자신의 만족과 행복을 위해서 많은 것들이 평가되고 나름의 가치가 매겨진다. 그렇다면 이 시장 만능의 시대에 기회나 돈을 가지고 교환할 수 있는 자유의 폭은 어디까지 사회적으로 허용될 수 있을까?

다음은 시장 사회를 바라보는 두 학자의 상이한 견해이다. 한 사람은 자유에도 공적인 도덕 가치가 있다고 보는 샌델이다. 다른 한 사람은 개인의 완전한 자유와 시장경쟁을 지지하는 보아즈의 견해이다. 그들의 생각을 들어보자.

지문 1

경제학자들은, 시장은 교환되는 재화에 영향을 미치지 못한다고 생각하는 경우가 많다. 하지만 이것은 사실이 아니다. 시장은 흔적을 남긴다. 때때로 시장가치는 우리가 관심을 기울여야 하는 비시장가치를 밀어내기도 한다. 물론 우리가 관심을 기울여야 하는 가치가 무엇인지, 어째서 관심을 기울여야 하는지에 관한 의견은 분분하다. 따라서 돈으로 살 수 있는 것과 살 수 없는 것이 무엇인지 결정하기 위해서는 사회적 삶과 시민생활을 구성하는 다양한 영역을 어떤 가치로 지배해야 하는지 판단해야 할 것이다. (…) 가장 분명한 예로 인간을 들 수 있다. 노예제도는 인간을 경매에서 사고팔 수 있는 상품으로 다루었기 때문에 끔찍했다. 이는 적절한 방식으로 인간의 가치를 인정하지 않는 태도다. 다시 말해 인간을 존엄하고 존중 받을 가치가 있는 존재로 인정하지 않고 이익을 얻기 위한 도구와 사용 대상으로 여긴 것이다. (…)

시장논리는 그 나름의 방식으로 공공생활에서 도덕적 논쟁을 결여시킨다. 시장이 지닌 매력 중 하나는 스스로 만족하는 선택에 판단을 내리지 않는다는 점이다. 시장은 재화의 가치를 평가하는 방식이 다른 것보다 기준이 높은지, 혹은 더 가치가 있는지 따지지 않는다. 누군가 섹스를 하거나 간을 이식받는 대가로 기꺼이 돈을 지불하고 여기에 동의한 성인이 기꺼이 팔고자 한다면, 경제학자가 던질 수 있는 유일한 질문은 "얼마죠?"일 뿐이다. 시장은 고개를 가로젓지 않을 것이다. 시장은 훌륭한 선택과 저급한 선택을 구별하지 않는다. 거래하는 쌍방은 교환 대상에 어떤 가치를 둘지 스스로 판단할 뿐이다.

(마이클 샌델, 『돈으로 살 수 없는 것들』, 27, 33쪽)

마이클 샌델(Michael Sandel, 1953~현재): 현재 하버드대 정치철학 교수로 재직 중이다. 우리에게는 『정의란 무엇인가』로 널리 알려졌다. 샌델은 존 롤즈의 정의론을 비판한 저서 『자유주의와 정의의 한계』에서 처음으로 '공동체주의자'라는 용어를 사용하였다. 매킨타이어, 왈저, 테일러와 함께 공동체주의 4대 이론가 중에 한 명으로 평가된다.

많은 사람들이 시장은 필요하다고 받아들이면서도 막연하게 어딘지 부도덕한 면이 있다고 느낀다. 그들은 시장이 불평등을 야기하는 것에 대해 우려하거나 시장에서 이기심이 반영되는 것을 싫어한다. 종종 시장은 "잔인하다."라거나 "물고 물리는 경쟁이 치열한 곳이다."

라고 비난받는다. 그러나 시장은 경제 발전에 필요불가결한 것일 뿐 아니라, 정부의 강압에 의한 것보다 합의가 더 잘 이루어지며, 더 도덕적인 결과와 형평성에 이르게 한다. (…)

재산은 자유시장이 만들어 내는 번영의 뿌리이다. 사람들이 재산에 대한 확고한 권리를 가질 때 그것이 땅이건, 건물이건, 기계이건 무엇이건 간에 사람들은 자신의 목적을 달성하기 위해 그 재산을 사용할 수 있다. (…) 기껏해야 다수의 의사를 취하여 (보다 더 빈번하게는 소수집단의 압력에 따라) 모든 사람에게 강요하는 정부와는 달리, 시장은 가격을 통해 사는 사람과 파는 사람이 자유로이 자기 돈으로 자신들이 하고자 하는 것을 결정하도록 한다. 모든 것을 다 살 수 있는 사람은 없다. 어떤 사람은 남들보다 더 많은 것을 살 수는 있다. 그러나 각자는 자유롭게 자기가 원하는 대로 자기 돈을 쓴다. 만약 51%의 사람들이 검정색 차나 배리 매닐로의 노래를 좋아해도 반대자들은 다른 것을 살 자유가 있어서, 모든 국민이 파란색 차나 윌리 넬슨의 노래로 바꾸게 하는 정치운동을 전개할 필요가 없다.

(데이비드 보아즈, 『자유주의로의 초대』, 247, 250, 255쪽)

데이비드 보아즈(David Boaz, 1953~현재): 현재 미국 케이토 연구소의 부소장으로 있으면서 미국 마리화나 법개혁 전국협회 자문위원으로 활동 중이다. 자유지상주의의 구호 아래, 1988년 3월 뉴욕타임스에 기고한 글에서 마약과의 전쟁에 대한 무용성을 주장한 바 있다. 이는 미국에서 마약의 비범죄화에 대한 논쟁을 촉발하였다.

◩ 돈으로 사고팔 수 없는 것이 있어야 한다

[지문 1]은 우리에게도 잘 알려진 샌델의 『돈으로 살 수 없는 것들』 중 일부다. 샌델은 개인의 자유보다 사회구성원으로서의 도덕 가치를 중요하게 여긴다. 왜냐하면 인간은 개인으로 존재할 뿐만 아니라, 공공 사회를 이루는 시민으로서 함께 추구해야 할 가치를 지녔다고 보기 때문이다. 이 바탕에는 샌델이 강조하는 인간의 존엄성이 있다. 그에 따르면, 많은 것들이 도구화되고 상업화 되어가는 교환시장에서는 인간의 고유한 가치가 훼손되고 인간성마저 와해될 우려가 있다. 하지만 인간의 존엄한 가치는 결코 혼자 추구될 수 없는 것인데, 시장지상주의를 따르게 되면 함께 추구하고 상호 노력으로 만들어가는 그러한 도덕 가치가 불가능해진다. 따라서 시장지상주의는 인간의 고유성을 해칠 수 있는 도덕적 한계를 드러내는 것이다. 말하자면, 절대화된 시장주의는 시민의 의무와 공공가치를 타락시킬 위험을 지닌다.

시장만능주의를 비판하는 샌델은 인간의 자유 문제에 있어서도 그것이 도덕적으로 가치 있는지를 공적으로 함께 고민해봐야 한다고 역설한다. 만약 우리가 돈으로 살 수 있는 선택의 폭이 더욱 자유로워지고 넓어진다면 문제가 되는 것이 바로 빈부격차이기 때문이다. 큰 수고로움 없이 부자는 원하는 만큼 지출하고 소비할 수 있다. 부유한 사람들에게는 부의 불평등이 문제가 되지 않는다. 그러나 돈이 충분하지 않은 사람의 경우는 사정이 다르다. 일등석이나 비즈니스석 항공권을 구매하지 못한다면 탑승을 위해서 그는 긴 줄을 불평 없이 기다려야 한다. 지불능력이 된다면 당연히 오래 기다릴 필요는 없다. 좌석 구매자는 인내심을 가지고 기다리는 사람들을 개의치 않고 쉽게 탑승할 수 있다. 돈은 '새치기'라는 재화를 당당히 살 수 있기 때문이다.

샌델에 따르면, 양극화된 부의 불평등은 기회 불평등과 불공정 거래로 확대될 수 있다. 예컨대 중국에서 부부는 한 자녀 낳기가 국가 정책이지만, 금전적으로 넉넉한 사람이라면 약 3만 1천 달러 정도의 벌금을 내고 한 자녀를 더 낳을 수 있다. 이러한 시장만능의 문제는 특히 국가적 도덕성 문제와도 결부되어 있는데, 가령 국가들 사이에 전쟁이 일어날 경우 국가는 민간 위탁 군대나 다른 나라의 용병을 불러올 수 있다. 하지만 자국민의 안전과 생명을 위해 임금을 지불하고 끌어온 군인들을 거리낌 없이 전쟁에 투입해도 좋겠는가 하는 문제가 남는다. 비록 그 군인이 지원병이라 하더라도 사람의 생명을 수단으로 간주하여 희생시키는 행위가 인간의 본질적 존엄성과 세계시민 정신에 부합되기 어렵기 때문이다. 국가별 탄소배출권 거래 제도의 경우도 마찬가지다. 지구 온난화를 막기 위해 도입된 탄소배출량 제한을 우회하고자 마치 쓰레기 종량제 봉투처럼 탄소배출권을 사고파는 행위는 인류 공동의 환경윤리에 어긋난다는 비판을 거세게 받고 있다.

따라서 맹목적 시장만능주의에 반대하는 샌델은 소유와 교환 중심의 사고방식보다 공동체의 도덕적 가치를 중요하게 여긴다. 한 개인에 국한된 가치를 넘어 시민으로서 모든 구성원들이 지켜야 할 인간의 인격성을 그는 비중 있게 생각한다. 샌델은 날카롭게 묻는다. 무엇이 행동에 도덕적 가치를 부여하는가? 공동체의 도덕적 가치를 추구하기 위해서는 어느 한 개인이나 집단, 국가라 할지라도 한 편에 치중된 행복과 이익에 매몰되어서는 안 될 것이다. 단지 효율적 시장경제를 위해 사람보다 돈을 중시하는 그런 자유는 공동체가 지향해야 할 방향이 아니라는 것이 그의 생각이다. 그러므로 무조건적으로 재화의 가치에 따라 모든 것을 상호 교환할 수 있다는 사고방식에 샌델은 명확한 선을 긋는다. 자율적 공동체의 일원이라는 자각을 갖고 올바른 동기를 지니며 함께 결정하고 선한 의도를 찾아 하는 행동은 단순한 소유의 의미를 넘어선다. 그러한 공동체적 가치는 돈으로 살 수도 없고 다른 재화와 뒤바꿀 수도 없다. 정직, 관용, 희생, 연대, 참여와 같은 공동체적 가치는 시장가치로써 매겨질 수 없는 비시장가치의 위치를 점유하고 있다.

자본주의 사회에서 인간의 수단화를 반대하는 샌델은 과학기술을 이용한 신체 강화 문제도 심각하게 고려해봐야 한다고 지적한다. 얼마 전에 세계거대기업 중의 하나인 나이키는 유망한 마라톤 선수 5명에게 저산소 하이테크 실험 훈련소를 후원한 일이 있다. 이 훈련소에서 선수들은 희박한 산소에도 잘 견딜 수 있도록 신체 능력을 강화하는 훈련을 받는다. 이 훈련은 산소량을 마치 해발 3,658~5,182m에서의 양만큼으로 줄여감으로써 적혈구의 생성을 활성화시킨다. 이 인공실험을 통해 선수들은 지구력 강화와 근력 강화를 극대화할 수 있다. 또 다른 예로 선수들은 유전공학기술을 이용해 신체를 강화할 수도 있다. 지금은 불법화되었지만, 일부 육상 선수나 사이클 선수들은 호르몬 강화제나 검출하기 어려운 EPO(투석환자들을 위한 적혈구 농도 증가 약품)를 투약해 자신들의 실력을 향상시키기 원한다.

그렇다면 선수들이 유전공학을 비롯한 과학기술의 도움을 받아 자기 재능을 발휘하는 것은 도덕적으로 나쁜 일일까? 물론 모두에게 약물과 식이요법 내지 장비, 훈련 방법까지 허용한다면, 어떤 사람이 이를 활용한다고 해서 속임수가 되지는 않을 것이라고 샌델은 말한다. 그러나 그의 방점은 스포츠 정신이 규칙 그 이상의 것을 의미한다는 데에 있다. 땀 흘려 자신의 실력을 갈고 닦아 성실한 노력으로 경기에 임할 때, 선수들의 역경은 비로소 의미 있는 빛을 발할 수 있으며, 설사 게임이 잘 풀리지 않아도 극적으로 자신의 탁월성을 최고로 발휘할 수 있게 된다. 그러므로 유전공학의 도움으로 홈런을 치는 것과 자연적 재능으로 홈런을 치는 것에는 질적인 차이가 있을 수밖에 없다고 샌델은 꼬집는다. 그것이 바로 돈으로 살 수 없는 가치 곧 살아있는 인간의 가치이다.

◩ 돈으로 사고팔 수 없는 것이란 없다

[지문 2]는 『자유주의로의 초대』를 쓴 보아즈의 글이다. 보아즈는 미국에서 자유주의 운동을 적극 전개한 케이토CATO 연구소 전문이사로 활동 중이다. 그는 정부가 세상에 존재하기 전부터 생명과 자유, 재산에 대한 권리가 인간에게 이미 부여되었다고 주장한다. "각 개인들의 선택은 다른 사람에게도 동등한 권리가 있음을 인정하는 범위 안에서 무엇이든 그가 선택한 방식으로 자기 인생을 이끌어 갈 권리가 있다." 이렇게 보아즈는 자신이 소유한 것에 대해 자발적이고도 절대적인 권리가 우리에게 있다고 말한다. 그에 따르면, 우리가 어떤 식품을 고르고 무슨 약물을 자기 몸에 투여할지에 대한 권리와 책임도 전적으로 자기 자신에게 있다. 왜냐하면 자기 소유권이란 자기 생명권을 소유한다는 의미도 되기 때문이다. 같은 맥락에서 종교에 대한 신념 역시도 믿는 종교가 어떤 종교이든지 간에 개인의 자유에 속한다. 누구와 연애를 하고 동침할지에 대한 결정 또한 사적인 것이며 개인의 자발적인 자유에 포함된다. 자유란 타인이나 정부가 사생활에 간섭할 수 없고 간섭해서도 안 되는 영역이다.

보아즈는 자신의 판단에 따라 욕망을 충족하는 일이 타당하다고 본다. 개인은 자기 목표를 실현하기 위해서 적극적인 권리를 행사할 자격이 있으며, 무엇인가를 결정하여 건물을 짓거나 여타의 방법으로 이윤을 얻고 재산을 축적하는 일도 개인의 몫이다. 그래서 자기가 원하는 것을 얻거나 얻지 않는 일이나 교환을 하고 안 하고도 개인의 몫이다. 심지어는 동성결혼, 마리화나 합법화 등의 사회적 문제가 되는 이슈에 있어서도 가장 중요한 것은 개인의 자유 존중이다. 왜냐하면 보아즈에 따르면, 이것이 바로 그 무엇에도 인간이 침해받을 수 없는 도덕적 권리의 기본 바탕을 이루기 때문이다.

소위 '이기심'이란 것도 실은 다른 이의 "봉사를 유도하는 것"의 다름 아니다. 사람들에게는 정직하다거나 예의바르다는 평판을 지닌 이들과 거래하고 싶어하는 선호가 있고, 이에 따라서 시장은 정직함과 예의바름에 보상을 하는 것이다. 교환 행위는 자기애의 일종과도 같아서 사람들은 더 나아지기를 기대하는 마음에서 거래하는 활동도 활발히 한다. 경제 논리로만 보자면 개인과 기업 등의 이익 추구가 먼저이긴 하지만, 이것도 어디까지나 시장의 합의를 바탕으로 하는 것이기 때문에 결과적으로는 사회 번영에 효과적이라고 볼 수 있다. 이처럼 저마다의 필요와 욕구에 따라 시장 활동은 이루어지고, 무엇보다 이러한 자유시장 체계에서는 사람들에게 거래를 강요하지 않는다. 자생적 시장 가격에 의해 구입자와 판매자는 자기 재화로 원하는 것을 자유롭게 결정한다.

그러므로 보아즈는 최대한의 작은 정부를 지향한다. 예기치 않게 어느 지역에서 심각한 자연 재난이 덮치고 그 여파로 식료품 값과 물 값이 오를지라도, 이는 시장의 흐름에 맡겨야 하는 것이다. 평소 1,000원 하던 물 한 병이 재난으로 인해서 갑자기 6,000원으로 치솟는다 해도, 가격의 안정화는 그 지역의 자생적 시장논리에 맡겨야 한다. 왜냐하면 전국의 생수업자들이 발 빠르게 피해지역으로 몰려들 것이고 주민들은 신속하게 물자공급을 받을 수 있을 것이며, 더욱이 점점 더 낮아진 가격으로 공급받을 수 있을 것이기 때문이다.

그는 집값을 정부가 통제하는 것에도 반대한다. 어떤 도시에서 아파트와 상가 임대료를 비롯한 물가가 치솟는다는 뜻은 인구가 급증했다는 것을 보여주는 방증이다. 그런데 여기서 임대료를 통제하겠다고 국가가 나서면 그 지역의 주거 문제는 더욱 심각하게 된다. 인위적으로 낮춰진 임대료로 인하여 주택 건설은 더 이상 이루어지지 않을 것이고 집은 더더욱 부족해질 것이다. 전세도 점차 월세로 전환될 것이다. 사회정책에 대해서도 최대한의 불개입주의적인 태도는 언제나 필요하다. 자유는 어디까지나 자기 스스로 선택하는 한에서의 자유이다.

시장 제한론 vs. 시장 만능론

샌델과 보아즈는 서로 대립적인 두 진영을 대표한다. 하나는 시장 제한론이고 다른 하나는 시장 만능론이다. 샌델의 시장 제한론은 공동체적 공화주의에 기초하고 있는데, 공동체적 공화주의란 공동선, 공동의 의무, 시민연대와 같이 공동체의 생활의식을 중요하게 생각하는 입장을 말한다. 과도한 시장화와 상업화를 비판하고 시민사회에서의 사회적 도덕 가치를 강조하는 것이 특징이다. 빈곤층과 사회적 약자, 소외계층에 대한 공동 책임과 제도적 배려도 함께 지지하고 있다.

이에 비해 보아즈가 대표하는 시장 만능론은 정부 역할을 가능한 최소한으로 한정하려 한다. 개인의 자유를 완전하게 보호하려는 개인주의적이고도 실용주의적 색채를 띠는 것이 특징이다. 자유경쟁시장에서 이익을 추구하는 개인의 욕망을 절대적으로 인정한다는 측면에서 자유지상주의라고 할 수 있다. 하지만 왜 이렇게 상반된 입장차이가 생겨난 것일까? 개인의 자유와 시장경제를 둘러싼 논쟁에는 사실 도덕적 가치에 대한 관점의 차이가 숨어 있다. 그 대립점을 살펴보자.

시장경제를 옹호하는 자유지상주의는 도덕적 가치나 덕의 문제를 따지지 않는다. 이유는 선이나 좋음에 대한 해석이 개별적이고 자의적이라고 보기 때문이다. 샌델이 비판하는 지점도 바로 여기에 있다. 수혜권이 사람들의 장점이나 도덕적인 가치에 근거를 두지 않는 이상, 시장의 효율화에만 최고 가치를 부여하게 되면 사회적 양심이나 충직, 공동체 일원이라는 책임의식 등이 무의미해진다는 것이다. 무엇이든지 허락되는 시장논리에 의거해 자유만을 외치는 것은 이미 우리 시대가 여실히 보여주고 있듯 물질만능주의를 초래할 위험을 다분히 안고 있다. 그러한 시장주의에서는 자생적 교환활동이라는 허울하에 결국 인간의 가치를 방치하고 연대의식과 무관하게 흘러가는 사회를 양상할 뿐이다. 그 귀결은 곧 도덕감의 상실과 공동체의 파괴로 이어질 것이다. 따라서 샌델은 단순 이익의 극대화가 우리 사회가 추구할 만한 낙관적 가치가 될 수 있다는 주장에 대해 강력히 반대한다.

이에 대해 보아즈는 다음과 같이 대응한다. 예컨대 자신의 정치적 견해를 다른 사람에게 설득하는 일이나 자신의 문제를 스스로 결정내리는 일에 대해서는 그 누구도, 무엇으로도 막을 권리가 없다. 인간으로서 친구를 어떻게 대해야 하는가라는 중요한 질문의 대부분도 엄밀히 생각해보면 "다른 도덕적 지혜"가 답할 일이지 사회・정치적인 차원에서 보증되어야 할 문제는 아니다. 그 까닭은 '서로의 권리를 존중하라'와 같은 도덕적 의무란 "우리가 일상적으로 내리는 대부분의 결정을 다만 아주 넓게 테두리 치고" 있을 뿐이기 때문이다.

어떤 사회집단의 공동 가치와 공동의 비전 제시에 대해서도 그는 회의적이다. 보아즈에 따르면, 일전에 힐러리 클린턴이 강조했던 "한 명의 어린이를 양육하기 위하여 한 마을 전체가 나서야 한다."는 말은 책임의 분배를 이야기하고 있지만, 이 문제를 세부적으로 들여다보면 사안은 그리 간단하지 않다. 그는 오히려 그런 주장이 비합리적일 수 있다는 의견이다. 즉 어떤 가정을 이루어 아이들을 양육할지의 문제는 공동체의 의사결정에 의해 이루어지는 것이 아니라, 부모의 고유한 의사결정에서 비롯된다는 것이다. 자식이 최선의 삶을 살도록 어떤 해결책을 찾을지에 대해서 부모는 자녀를 신뢰할 자유가 있고, 자녀를 어떤 학교에서 교육시키고 어떻게 부양하며 보호할 것인지에 대해서도 스스로 결정할 권리와 의무가 있다.

그런데 복잡한 현대사회에서 이런 문제가 집단적 합의로 가능할 수 있겠는가? 실제로 그럴 수 없다는 것이 보아즈의 대답이다.

이렇듯 서로 다른 가치관을 피력한 샌델과 보아즈의 주장에는 나름의 일리가 있어 보인다. 하지만 동시에 그 안에는 한계점도 존재한다. 샌델처럼 개인과 시장의 논리가 아니라 공공의 도덕 가치를 우위에 둔다면, 원하지 않아도 함께 엄수해야 하는 제도적 강제성이 생겨날 것이다. 아울러 공동체가 개인들에게 제공할 수 있는 물질적 조건을 확보하는 일도 결코 쉽게 해결될 수 있는 문제가 아니다. 그렇다고 보아즈처럼 개인과 시장의 자유만을 외치게 되면, 사회적 연대성의 약화, 개인 · 이기주의, 사회적 기회불평등의 문제에 부딪히고 말 것이다. 아래 기사는 이에 관한 구체적인 사건을 기술하고 있다. 함께 살펴보고 이야기를 나눠보자.

● 현실 속으로

"네팔서 매년 7000개 신장 불법 거래"

네팔 수도 카트만두 인근 조그만 마을 카브레에서 우유를 짜 팔거나 농장일로 생계를 이어온 빈곤층 나와라즈 파리야 씨는 신장 한쪽을 도둑맞은 피해자다. 일거리를 찾으러 카트만두에 가곤 했던 파리야 씨는 2000년쯤 한 건설현장에서 현장감독이 "의사가 당신 신체에서 고기 한 덩이를 떼어내도록 해 주면 3만 달러를 받을 것"이라며 접근한 게 발단이었다. 그는 '고기'가 실제로는 신장이라는 말을 듣지 못했다. 그는 "현장감독이 '고기는 다시 자랄 것'이라고 해 재생된다면 3만 달러(한화 약 3,000만 원)를 안 받을 이유가 없다고 생각했다"고 말했다. '잘못해서 죽으면 어쩌나'고 걱정하는 그에게 현장감독은 "아무 일 없을 것"이라고 확신하며 음식과 옷을 주고, 심지어 영화도 보여줬다.

그러고 나서 인도 남부 첸나이주의 한 병원으로 데려갔다. 그곳에 있던 암거래상들은 파리야 씨에게 가짜 이름을 지어준 뒤 그를 병원에 친척이라고 소개했다. 파리야 씨는 "암거래상이 가짜 신분을 증명하기 위한 허위 서류를 이미 준비해 갖고 있었다."며 "영어로 신장을 뜻하는 'kidney'라는 말을 몇 번 들었지만 무슨 뜻인지 전혀 몰랐고, 현지어도 몰라 암거래상과 의료진 사이의 대화를 전혀 이해할 수 없었다."고 했다. 그 후 파리야 씨는 약속한 금액의 1%도 안 되는 2만 루피(약 21만 원)만 받고 집으로 왔다. '나머지 금액은 곧 주겠다.'는 약속을 받았으나 이후 암거래상은 연락을 끊었다. 파리야 씨는 "네팔로 돌아온 후 의심이 들어 그 의사에게 찾아갔지만 이미 내 신장은 사라진 후였다."고 했다. 파리야 씨는 현재 소변을 보는데 문제가 있고, 지속적으로 극심한 허리 통증을 호소하고 있다. 그의 건강은 날이 갈수록 악화하고 있지만, 치료비를 감당할 수 없어 손 놓고 있다. 그는 "오늘 죽을지 내일 죽을지 모르는 처지"라며 "내가 죽으면 정부가 두 자녀를 돌봐주기를 바랄 뿐"이라고 말했다.

미국 CNN방송은 파리야 씨의 사례를 소개하며 네팔에서의 불법 장기밀매 및 피해 실태를 고발했다. CNN은 "네팔에서 매년 약 7,000개의 신장이 불법적으로 거래되고 있다."며 "이를 통해 암거래상들이 불법적으로 얻는 수익만 해도 연간 5억 1,400만~10억 달러에 달한다."고 보도했다.

네팔 당국은 카브레 마을을 불법 장기 암거래가 시작돼 '네팔의 콩팥은행'이라는 별명이 붙은 곳이라고 소개했다. CNN은 "파리야 씨처럼 콩팥 암거래상의 피해자로 전락한 사람들은 이 마을에서 수두룩하다."며 "그 이유를 알기 위해선 빈곤한 경제상황을 이해해야 한다."고 했다. 이 마을은 가축을 기르거나 농사 외에는 특별한 일거리가 없다. 따라서 흉작이 오거나 많은 병원비를 내야 할 경우 가정은 풍비박산 날 수밖에 없다.

(박민식 기자, 한국일보, 2014.06.29.)

또 다른 현실 논제

1. 개인 간의 성매매가 자유계약으로 이루어질 수 있다면, 이는 인간의 자유권을 보장하는 것일까? 만약 아니라면, 그 이유는 무엇인가?

2. 불치병에 걸려 앞으로 1년 정도밖에 기대수명이 남아 있지 않은 환자가 있다고 하자. 그리고 이러한 사람들을 위해 모 보험회사에서는 '생명보험 증권'이라는 상품을 판다고 가정해 보자. 이 보험 증권을 산 투자자는 앞으로 얼마 살지 못하는 환자의 생활비용을 대고 그가 죽은 다음에서야 사망보험료를 지급받을 수 있다. 이렇게 생명보험 유통시장에 완전한 자유가 적용된다면, 사망을 담보로 한 '생명보험 증권' 거래는 우리 사회에 허용될 수 있을까?

더 생각해볼 문제

자유주의는 공통적으로 인간의 존엄을 전제한다. 그러나 오늘날 자유시장경제체제 속에서 그러한 자유가 과연 얼마만큼 실현될 수 있는 가치일까? 인간은 욕망을 갖는다. 지식, 권력, 명예, 부, 아름다움을 소유하길 원하고 갈망한다. 때문에 에리히 프롬은 묻는다. "소유하는 것을 최고의 목표로 한 문화 속에서, 어떤 사람에 대해 '백만 달러의 가치가 있다.'고 말할 수 있는 문화 속에서, 어떻게 소유와 존재 간의 선택이 가능하겠는가?"라고.

비판적 사고와 토론

8장

과학은 객관적인가

"알면 참으로 사랑하게 되고, 사랑하면 참으로 보게 되며, 볼 줄 알면 모으게 되니 그냥 모으는 것이 아니다.知則爲眞愛 愛則爲眞看 看則畜之而非徒畜也"

조선 후기 문장가 유한준의 「안목眼目」이라는 글의 마지막 부분이다. 이 글은 『나의 문화유산 답사기』의 저자 유홍준의 "아는 만큼 보이고, 보이는 만큼 사랑한다."는 표현을 통해 더욱 유명해졌다.

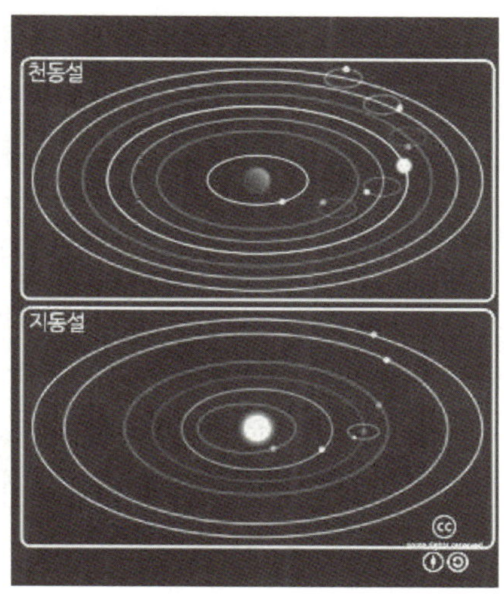

그렇다면 "아는 만큼 보인다."는 말은 사실일까? 혹시 보는 만큼 아는 것은 아닐까? 과학에 대한 고전적인 관념에서, 과학은 객관적 사실에 대한 체계적 지식이고 따라서 객관적 사실의 관찰과 실험으로부터 출발한다고 생각한다. 다시 말해, 보는 만큼(관찰과 실험) 아는 것(이론)이다. 그러나 과학에 대한 비교적 새로운 관념에서 과학은 우리가 이미 알고 있는 것으로부터 출발한다. 즉, 우리의 앎이 무엇을 볼 것인지를 결정하고 보인 것에 대해 어떻게 해석할지를 결정하는 것이다. 유한준의 생각을 과학에 적용해보면, 우리가 이미 가진 앎 곧 '보는 눈眼'이 '보이는 것目'을 결정하는 것이며, 아는 만큼 보이는 것이다.

과학에 대한 상이한 관념을 담고 있는 아래 두 지문을 읽고 이에 대해 비판적으로 생각해 보자.

지문 1

근대과학 이전의 접근법과 구별되는 과학 및 과학적 접근법의 핵심은 시도되는 해법들에 대한 의식적인 비판이라는 것이다. 의식적인 비판 태도는 제거 과정에서, 그리고 비판과 반증 시도에서 결정적 역할을 한다. 거꾸로 한 학설을 반증에서 구해내려는 시도 또한 우리가 이미 확인했듯이 나름의 방법론적 역할을 한다. 그러나 의식적인 반증 노력을 비롯한 비판적 접근이 과학을 낳고 과학적 방법론의 대세를 이루는 반면 반증을 무조건 피하는 독단적 태도는 근대 이전 과학의 특징이라는 것이 내가 말하려는 논지이다. (…)

과학적 진보는 본질적으로 새로운 학설이 기존 학설을 대체하면서 이루어진다. 새로운 이론은 기존 이론이 풀었던 모든 문제들을 풀 수 있어야 하며, 최소한 기존 이론만큼은 잘 풀 수 있어야 한다. 그러므로 아인슈타인의 이론은 웬만한 행성운동 및 거시역학 문제를 해결하며, 최소한 뉴턴의 이론만큼 그리고 어쩌면 뉴턴의 이론보다 더 잘 해결한다. 그런데 급진적인 그 새 이론은 새로운 가정에서 출발하며, 기존의 이론을 초월하여 그것에 정면으로 배치되는 결론을 내린다. 이는 기존의 학설과 새 학설을 구별할 실험들을 고안하는 것으로 이어지는데, 반드시 두 가설 중 적어도 하나를 반증할 수 있는 실험이어야 한다. 사실 그 실험들도 살아남는 가설의 우월성은 입증해줄지 모르나 그 가설이 참인지는 입증하지 못한다. 그리고 살아남은 가설도 곧 또 다른 가설에게 자리를 빼앗길 것이다.

(칼 포퍼, 『삶은 문제해결의 연속이다』, 178-179쪽)

칼 포퍼(Karl Popper, 1902~1994): 오스트리아 태생의 영국 철학자. 빈 대학과 빈 교육연구소에서 철학, 수학, 물리학, 심리학 등을 배우고, 1928년 철학박사 학위를 취득하였다. 과학철학 분야에서 뛰어난 업적을 남겼는데, 과학이 합리적 가설 제기와 그 반증을 통하여 성장한다는 '비판적 합리주의' 인식론을 제창했다. 사회철학 분야에서는 자유주의 입장에 입각하여 전체주의를 신랄하게 비판하였다. 주요 저서로는 『탐구의 논리』, 『열린사회와 그 적들』, 『역사주의의 빈곤』, 『추측과 논박』, 『객관적 지식』, 『삶은 문제해결의 연속이다』 등이 있다.

지문 2

아득한 옛날부터 대부분의 사람들은 줄이나 사슬에 매달린 이런저런 무거운 물체가 완전히 멈추어 설 때까지 앞뒤로 흔들리는 것을 보아 왔다. 아리스토텔레스주의자들은 무거운 물체는 그 자체의 본성에 의해 높은 곳으로부터 보다 낮은 곳의 자연스런 정지 상태로 운동하는 것이라고 믿었던 터였으므로, 흔들리는 물체란 그들에게는 단지 어려움을 겪으며 떨어지는 것일 따름이었다. 그 물체는 사슬에 묶인 상태이므로 만곡선의 동작을 거쳐 상당히 시간이 걸려서야 비로소 낮은 위치의 제자리에 멈출 것이었다.

반면에 갈릴레오는 흔들리는 물체를 바라보면서 진자를 생각했는데, 그것은 거의 무한하게 거듭해서 같은 움직임을 되풀이하는 물체였다. 이 진자의 움직임을 본 갈릴레오는 진자의 다른 성질들도 관측하고, 그의 새로운 역학의 가장 의미 깊고 독창적인 부분들을 그 성질들을 중심으로 다수 구축해 냈다. 예컨대, 진자의 성질들로부터 갈릴레오는, 빗면을 따라 내려오는 운동에서의 수직 높이와 최종 속도 사이의 상관관계에 관해서 뿐만 아니라, 무게와 낙하 속도 사이의 무관성에 대한 그의 유일하게 완벽하고 확고한 이론을 이끌어냈다. 이들 모든 자연의 현상을 그는 이전에 그것들이 보여 왔던 방식과는 상이하게 보았던 것이다.

왜 그런 시각의 변환이 일어났을까? 물론 그것은 갈릴레오라는 개인의 천재성을 통해서였다. 그러나 여기서의 그런 천재성은 흔들리는 물체를 보다 정확하게 또는 객관적으로 관찰함에 있어 발현된 것이 아님을 주목할 필요가 있다. 기술(記述)상으로는 아리스토텔레스적인 지각 작용도 갈릴레오 못지않게 정확하다. 갈릴레오가 90도에 이르기까지의 진폭에서는 진자의 주기가 진폭에 무관하다고 보고했을 때, 진자에 대한 그의 견해는 그로 하여금 지금 거기서 우리들이 볼 수 있는 것보다 훨씬 더 큰 규칙성을 보도록 이끌었다. 오히려 갈릴레오의 시각 변환에 관련됐던 것으로 보이는 것은 중세의 패러다임 변환에 의해 주어진 지각 작용의 가능성을 천재가 이용한 것이었다. (…) 제약된 낙하운동을 진자운동으로 보는 변화는 운동에 대한 패러다임의 변화에 의해 생겨난 것이다. 과학자들은 단지 제약된 낙하운동이나 진자운동을 볼 수 있었을 뿐이며 그보다 더 기초적이고 그들의 패러다임으로부터 독립된 경험을 할 수는 없었다.

(토마스 쿤, 『과학혁명의 구조』, 173–174쪽)

토마스 쿤(Thomas Samuel Kuhn, 1922~1996): 미국의 과학철학자 겸 과학사학자. 하버드 대학 물리학과에서 공부하고 1948년 물리학 박사학위를 받았다. 과학의 발전은 점진적으로 이루어지는 것이 아니라 패러다임 교체에 의해 혁명적으로 이루어진다는 사상을 통해 과학철학을 넘어 현대 철학과 사상 전반에 커다란 영향을 미쳤다. 주요 저서는 『코페르니쿠스 혁명』, 『과학혁명의 구조』, 『본질적 긴장』, 『흑체 이론과 양자 불연속성』, 『구조 이후의 도정』 등이 있다.

과학은 객관적 관찰에 의해 결정된다

[지문 1]을 쓴 칼 포퍼는 반증주의의 주창자로 잘 알려져 있다. 과학적 방법에 있어 귀납주의를 내세우는 논리실증주의에 맞서 포퍼는 이른바 '반증가능성'이라는 의미의 새로운 척도를 제시한다. 당시 20세기 초의 과학철학은 논리실증주의 영향력 아래 있었다. 이 학파의 핵심 주장은 귀납주의와 검증가능성 원리에 있는데, 먼저 귀납주의란 과학이 관찰로부터 시작하여 이 관찰들을 일반화하고 법칙을 수립하는 활동이다. 검증가능성 원리는 어떤 진술이 의미 있는 진술이기 위해서 그 진술의 참 또는 거짓이 경험적으로 검증될 수 있어야 한다는 것이다.

이에 칼 포퍼는 귀납주의에 대한 비판의 포문을 연다. 과학이론을 검증하는 관찰사례가 아무리 많다고 하여도, 이로부터 귀납의 원리로 이끌어낸 이론이 반드시 참임을 논리적으로 뒷받침할 수 없다는 주장이다. 다음 추론을 살펴보자.

모든 까마귀가 검은색이라면, 다음에 관찰될 까마귀도 검은색일 것이다.
관찰된 까마귀가 검은색이었다.
그러므로 모든 까마귀는 검은색이다.

그러나 이 논리는 연역적으로 보면 후건 긍정의 오류에 해당된다. 아무리 많은 검은 까마귀를 관찰하더라도, 모든 까마귀가 검은색이라는 일반화는 결코 확증될 수 없다. 흰 까마귀가 한 마리만 발견되어도 이 이론은 틀린 것이며, 실제로 알비노 까마귀가 관찰되었으므로 이미 반증되었다. 이처럼 귀납원리에 의해 확립된 이론은 단 한 차례의 반례만 등장해도 무너지고 만다. 따라서 포퍼는 과학의 방법이 귀납이 아니라 연역이 되어야 하며, 그 연역이 다름 아닌 반증의 원리라는 새로운 주장을 내세운다.

2012년 7월 강원도 정선에 나타난 흰 까마귀

모든 까마귀가 검은색이라면, 다음에 관찰될 까마귀도 검은색일 것이다.
검은색이 아닌 까마귀가 관찰되었다.
그러므로 모든 까마귀가 검은색인 것은 아니다.

이 논리는 연역적으로 보아 후건 부정의 원칙으로 타당한 논증이다. 포퍼는 이를 토대로 과학이론의 등장과 발전도 설명되어야 한다고 주장한다. 즉, 과학발전이란 기존 이론의 정당성을 부정하는 경험적 사실이 관찰됨으로써 그 이론이 반증되는 과정을 통해 달성된다는 것이다. 따라서 과학자는 기존 이론을 검증하기 위한 노력을 포기하고, 반증할 수 있는 관찰 사실을 발견하기 위해서 노력해야 하는데, 이러한 주장을 곧 반증주의라고 한다.

포퍼는 기존의 소박한 귀납주의에 반기를 들었으나, 그렇다고 해서 과학의 역사가 점진적이고 축적적인 발전 과정이라는 그의 기존 관념을 포기한 것은 아니었다. 그에 따르면, 과학이론은 그간의 이론들이 해결하지 못한 문제를 해결하고 발생한 사실을 적절한 방식으로 설명하기 위해서 제안된 가설적 추측이다. 말하자면, 주어진 문제를 해결하고 발생한 사실을 적절하게 설명하기 위해 가설을 제안하는 데서 과학이론은 시작된다. 그리고 그 가설이 관찰을 통해 반증된다면, 기존 가설은 포기되고 다른 가설이 제안되는 과정이 지속된다. 이렇게 계속되는 과정에서 반증을 견디고 살아남은 가설만이 과학이론의 지위를 확보하게 된다. 그러므로 현재 반증을 견디고 살아남은 과학이론도 반증되어 버려진 과거의 이론에 비해서 상대적으로 참에 가까울 뿐, 그것이 반드시 '참'이라고 보장할 수는 없다. 결국 진리에 이르는 유일한 방법은 실수와 착오의 위험을 감수하면서 '추측과 논박'이라는 시행착오를 거치는 것이다. 과학은 문제에 부딪히고 그 문제를 해결하기 위한 합리적 가설을 제기하고, 또 그것을 반증하는 과정을 통해서 성장한다. 이러한 관점이 바로 포퍼의 '비판적 합리주의'이다. 그의 마지막 에세이집인 『삶은 문제해결의 연속이다』는 우리의 삶과 과학이 문제를 해결하기 위한 비판적 이성을 사용함으로써 끝없는 탐구를 해나간다는 것을 보여주고 있다.

과학은 지식을 체계적으로 획득하기 위한 노력이다. 과학을 국어사전에서 찾아보면 "보편적 진리나 법칙의 발견을 목적으로 한 체계적인 지식. 넓은 뜻으로는 학學을 이르고, 좁은 뜻으로는 자연 과학을 이른다."라고 되어 있다. 그리고 우리는 과학이 체계적 지식을 획득하기 위해 가장 먼저 시작하는 일이 '보는 것', 즉 관찰하는 것이며 이 관찰을 개미처럼 부지런히 모으는 일이 중요하다고 생각한다. 그 다음으로 과학에 중요한 것은 수집한 관찰들로부터 가설을 수립하고 또 다른 관찰들과 실험을 통해서 그 가설을 검증, 법칙으로 확립하는 일이다. 그리하여 이렇게 확립된 법칙들의 집합인 이론이 만들어지는데, 물론 이러한 이론은 보다 나은 다른 이론에 의해 대체될 때까지 과학을 지배할 것이다. 과학의 역사는 새로운 이론이 이전의 이론을 대체하면서 발전해 가는 과정이다.

◩ 과학은 패러다임에 의해 결정된다

이제 [지문 2]를 살펴보자. 앞서 서술한 것처럼 우리는 과학이 지식을 획득하는 방법을 생각할 때, "보는 만큼 안다."는 명제를 은연중에 떠올린다. 이것은 과학에 대한 우리의 일상적 관념이기도 하고 고전적인 관념이기도 하다.

그러나 이 관념에 반기를 든 과학철학자 한 사람이 나타나기 전까지는 아무도 여기에 대해 크게 의심하지 않았다. 그 과학철학자가 바로 지문 2를 쓴 토마스 쿤이다. 그는 1962년 발간된 『과학혁명의 구조』에서 보는 만큼 아는 것이 아니라 아는 만큼 보인다고 주장했으니, 우리가 이미 지니고 있는 지식의 틀(패러다임)에 따라 보이는 것과 보이지 않는 것이 결정된다고 생각했다. 그에 따르면 과학은 보이는 것, 객관적인 것에서 출발하는 것이 아니라 아는 것, 즉 주관적인 것에서 출발한다.

우리가 이미 아는 것이 다르면 보는 눈이 달라지고 따라서 보이는 것 자체가 달라진다는 것이다.

오리 – 토끼

이 사진을 보고 무슨 동물이 보이는가? 오리가 보이는 사람은 토끼가 보일 때까지 보도록 해보자. 토끼가 보이는 사람은 오리가 보일 때까지 유심히 관찰해 보자. 그러면 오리가 갑자기 토끼로 보이고, 토끼가 홀연 오리로 변하는 순간이 올 것이다. 이 유명한 그림은 이른바 '형태 전환Gestalt Shift'의 사례이다. 쿤은 이 사례를 들어 "과학자의 세계에서 혁명 이전에는 오리였던 것이 이후에는 토끼가 된다."고 말하면서 "사람에게 보이는 것은 그가 보는 것뿐만 아니라 그 이전의 시각적 · 개념적 경험이 그에게 보도록 가르친 것에도 의존한다."고 역설한다. 자, 그렇다면 여러분에게 다음 그림은 무엇으로 보이는가? 젊은 여성으로 보이는가, 노파로 보이는가?

이 그림에서도 경험할 수 있듯 쿤은 과학사가 끊임없는 반증과 새로운 가설 제시의 반복이라는 포퍼의 관념에 맞선다. 과학자들이 서로 다른 렌즈를 통해서 사물을 관찰하기 때문에 오목렌즈로 세상을 바라보느냐, 볼록렌즈로 세상을 바라보느냐에 따라 인식하는 대상의 모습은 천양지차다. 쿤은 이렇게 과학공동체 구성원들이 공유하는 신념 또는 가치 등의 전체적 집합체를 가리켜 패러다임이라고 부르고, 과학자는 상이한 패러다임으로 서로 다른 세계에 살게 된다고 강조한다.

논리실증주의와 반증주의가 과학적 방법론에 있어서 다소 이견은 있었지만, 큰 틀 안에서는 실증주의적 관념을 공유한다. 실증주의는 과학이 인간의 인식이나 가치, 마음 등에서 분리되어 자연에 독자적으로 존재하는 사물을 직접적인 경험을 통해 관찰하고 체계화하는 것이라고 파악한다. 따라서 실증주의에서는 주관이 개입되지 않은 객관적 진실을 발견하는 것이 곧 과학이며, 과학의 발전은 객관적 과학활동의 결과가 누적되어 이뤄지는 점진적 과정이라고 이해되었다. 그러나 쿤은 객관적 진리라는 관념을 배척하면서 관찰과 이론의 상호 연결성을 강조한다. 왜냐하면 과학자가 어떠한 패러다임을 믿느냐에 따라 동일한 현상을 관찰하더라도 전혀 다른 것들을 발견하는 결과가 빚어지는 까닭이다. 서로 다른 패러다임을 받아들이는 사람들은 같은 현상을 보고도 상이한 결론을 내릴 수 있는 것이다.

쿤은 이질적 패러다임으로 인한 소통의 어려움을 '공약 불가능성'이라고 명명한다. 근대물리학을 배운 사람들에게 아리스토텔레스의 물체운동 개념이나 천동설이 비합리적으로 느껴지는 이유도 바로 패러다임 간의 공약 불가능성 때문이다. 과학은 더 이상 독자적으로 존재하는 객관적 실체가 아니라 사회가 공통적으로 수용한 거대한 패러다임의 지배이다. 그래서 과학의 발전은 누적되거나 기존의 오류를 교정해 나가는 방식이 아니라 혁명적이고 비연속적인 방식으로 이뤄진다.

과학 객관론 vs. 과학 주관론

과학이 (얼마나) 객관적일 수 있는가에 대한 상이한 입장들은 과학에 대한 우리의 태도에 영향을 끼친다. 과학이 객관적 사실에 대한 탐구이며, 따라서 사회문화적 요소들이 그에 전혀 개입될 여지가 없다는 입장은 '과학의 객관론'(편의상 과학 객관론으로 지칭)을 대변하고 있다. 객관론의 관점에서는 객관적 사실이 단 하나인 만큼 올바른 과학도 단 하나 밖에 없다고 여긴다. 반면, 과학이 절대적으로 객관적인 지식을 주는 것이 아니라 사회문화적 요소들에 의해 결정적 영향을 받고 따라서 주관적이거나 적어도 상호주관적이라는 입장도 존재한다. 이를 '과학의 주관론'(편의상 과학 주관론으로 지칭)이라고 한다면, 이 입장에서는 과학이 결국 사회와 문화에 따라 서로 다른 형태로 나타날 수도 있으며, 각 사회와 문화의 고유한 지식체계로서의 과학은 모두 존중받아야 할 가치가 있다. 이러한 두 입장의 차이를 과학적 대상의 존재론적 지위, 관찰과 이론의 관계, 과학 이론의 변화, 과학과 비과학 구획이라는 네 가지 논제와 관련하여 살펴보자.

첫째, 과학 객관론은 과학이 다루는 대상(과학적 실재)이 인간 인식으로서의 과학 연구 이전에 이미 실재한다는 실재론의 입장을 취한다. 이 입장에 따르면, 과학적 대상이나 법칙은 과학 연구를 통해서 그 대상이나 법칙을 발견하건 발견하지 않건 간에 상관없이 언제나 존재한다. 이에 비해 과학 주관론에서는 과학이 다루는 대상이 과학 연구 이전에 실재한다기보다 과학 연구에 의해 구성된다는 구성주의 입장을 취한다. 후자의 입장에서도 과학이 객관적이라고 주장할 수도 있지만, 이는 과학적 대상이 과학 연구 이전에 실재한다는 의미의 (강한 의미의) 객관성이 아니라, 과학자 공동체 혹은 사회에 의해 상호주관적으로 구성된다는 의미의 (약한 의미의) 객관성일 뿐이다.

둘째, 과학 객관론에서는 관찰의 이론중립성을 주장한다. 관찰로부터 과학 이론은 출발하는데, 직접적인 관찰사례들로부터 일반 법칙을 도출하고 이 법칙들을 모순 없이 일관된 체계로 구성할 때, 과학 이론은 성립한다. 따라서 이론의 토대가 되는 관찰은 이론 이전에, 이론으로부터 독립적으로 성립하는 것이다. 이에 비해 과학 주관론은 관찰의 이론의존성을 강조한다. 이론으로부터 독립적인 순수한 관찰은 존재하지 않으며 관찰자의 지식, 신념, 기대, 이론 등이 관찰에 영향을 미친다는 것이 주관론의 골자다. 즉 어떠한 관찰을 할 것이며 그 관찰을 어떤 방법으로, 또 그 관찰의 결과를 어떻게 해석할 것인지는 관찰자에 따라 달라지곤 하는데, 이는 관찰자의 이론적 틀이 서로 다르기 때문이다. 그러므로 관찰은 이론의 확고한 토대일 수 없으며, 오히려 이론이 관찰을 결정한다.

셋째, 과학 객관론에서 과학 이론의 교체는 반증에 의해서 이루어진다. 과학적 지식의 핵심은 반증 가능성에 있다. 반증을 통해서 기존 과학의 오류는 밝혀지고 이를 대체하는 새로운 과학 이론이 등장하는데, 이 과정이 반복되고 누적되는 동안 과학은 진리를 향해 한걸음씩 진보한다. 하지만 과학 주관론에서 과학 이론의 교체는 반증이 아니라 과학의 외적인 요인들에 의해서 이루어진다고 보고 있다. 과학에 있어 특정 패러다임은 기본적으로 보수적인 관성을 지녔기에 반증이 어렵다. 기존 과학의 이론에 위배되는 변칙 사례들이 나타난다고 하더라도 그것으로써 패러다임이 쉽게 반증되지는 않는다. 오히려 기존 패러다임에 변칙 사례들을 맞추려는 노력이 계속된다. 이러한 관점에서 본다면, 패러다임의 전환은 누적적이고 연속적이라기보다 혁명적이고 비연속적인 것에 가깝다고 볼 수 있다.

넷째, 과학 객관론에서는 과학과 비과학을 엄밀하게 구획할 수 있다고 주장한다. 가령 논리실증주의는 경험적 관찰과 논리적 형식을 갖춘 명제만이 유의미하며, 이러한 방식으로 유도되지 않은 종교적이거나 형이상학적인

언명들은 애당초 무의미하므로 과학이 될 수 없다고 보았다. 반증주의에 따르면, 어떤 명제나 명제들의 체계가 과학적이려면 경험에 의해 반증되는 것이 가능해야 한다. 이러한 반증가능성이 아예 없는 사이비과학, 종교, 형이상학의 명제들은 따라서 과학이라고 할 수 없다. 이에 비해 과학 주관론은 과학과 비과학을 분명하게 구획하는 것은 불가능하다고 비판한다. 이러한 구획 자체가 인간의 다양한 지적 활동 중 하나일 뿐인 과학에 특별한 신화와 권력을 부여하려는 의도를 지닌다고 비판한다. 즉 인문학이나 예술, 종교 등 모든 인간의 지적 활동 중에서 과학(특히 자연과학)이 논리적으로나 방법론적으로 특별한 위치와 권위를 점하는 것이 아니라는 주장이다.

이처럼 과학 객관론과 과학 주관론은 서로 다른 쟁점들에 관련하며 첨예한 대립을 하고 있다. 이제 한의학을 주제로 하여 이 문제를 깊이 있게 생각해 보자.

객관성 논란을 빚고 있는 한의학

"의학을 수업하는 자가 있었다. 묘한 치료방법을 들으면 반드시 필기를 하는데 한번은 길을 가다가 도적놈을 만나서 삼림 속에 숨어서 보고 있으니까 여러 놈의 도적이 모여서 토산불(대고환大睾丸)을 가진 놈을 하나 참살을 하는데 목이 떨어지니까 그 큰 고환이 쑥 쭈그러들어 갔다. 그 친구 곧 필기하되 대고환 치료 경험방(經驗方)이라고."

이 글은 1935년 간행된 『동양의약(東洋醫藥)』 창간호에 등장하는 우스갯소리이다. 의학 이론을 확립하는 방법론이 결여된 한의사를 해학적으로 그린 이 이야기는 한의학의 정체성 확립과 치료경험에 대한 수집 방법 등 한의학계의 현안 문제를 역설적 농담으로 강조하고 있다.

이 잡지가 나올 무렵인 1934년 <조선일보>를 통해 자그마치 9개월 동안이나 한의학 부흥에 대한 논쟁이 벌어졌다. 한의학을 옹호하는 측에서는 서양 의술이 자연과학으로서 학문적으로는 뛰어나지만 병 고치는 데는 한의학이 한결 뛰어나다고 보았다. 따라서 한의학의 용어가 어렵고 표준화가 덜된 문제점만 해결한다면 서양 의학과 다른 독자적인 의학체계로 훌륭하게 기능할 것이라 주장했다. 이에 비해 한의학을 비판하는 쪽에서는, 의학에는 오직 한 종류 즉 과학적 방법이라는 프리즘을 통과한 (서양) 의학만이 있을 뿐이며, 한의학에도 쓸모 있는 요소가 있지만, 그것의 유용성은 오직 분석적이고 과학적 검증을 거친 뒤에야 인정될 수 있다고 주장했다.

80년 이상 지난 지금, 이 논쟁은 어떻게 해결되었을까? 한의학은 의학의 한 계열로서 활용되고 있지만, 여전히 과학적이지 못하다는 비판에 시달리고 있다. 주로 한의학을 비판하는 측은 다음과 같이 실증주의적 과학관에 기초한다. 과학은 객관적 진리에 대한 탐구이며 이러한 객관적 진리는 그것을 인식하는 주체와 무관하게 존재한다는 관념이다. 그러나 쿤의 패러다임 이론에 기초하여 본다면, 한의학에 대한 평가는 달라질 수 있다. 한의학과 서양의학은 각각 다른 패러다임에 기초하여 인간의 신체를 연구하고 병을 치료하는 학문이다. 따라서 동등하게 정당성을 가질 수 있다. 그러면 실증주의와 패러다임 이론의 관점에서 한의학을 각각 논의해 보자.

또 다른 현실 논제

1. 풍수지리는 비과학적 미신인가, 아니면 또 하나의 과학인가?

2. 과학이 사회적으로 구성되는 지식체계라고 주장하는 사회구성주의에서는 사회 민주화를 위해서는 과학기술 민주화가 핵심적이라는 전제하에서, 특히 과학기술 연구 및 응용에 관련한 의사결정 과정에 시민 참여를 보장하여야 한다고 주장한다. 이러한 주장은 타당한가?

더 생각해볼 문제

1. 관찰은 이론으로부터 독립적인가, 아니면 이론을 이미 포함하는가?

2. 과학은 발전하는가, 아니면 단지 교체될 뿐인가?

비판적 사고와 토론

9장 과학기술은 인간을 행복하게 하는가

"침대는 가구가 아닙니다. 과학입니다." 너무나도 유명한 광고 카피이다. 이 말은 무엇을 함축하고 있을까? 침대가 과학이어서 어떻다는 말일까? 이러한 광고 카피가 만들어지고 받아들여진다는 사실은 과학이 인간에게 중요한 가치를 생산하고 있으며 인간을 행복하게 할 것이라는 낙관적 믿음을 암묵적으로 보여준다. 그것은 과학(기술)이 인간의 행복을 증진시킨다는 믿음이다. 과학기술은 과연 우리 인류에게 행복이 가득한 유토피아를 선사할 것인가?

뒤렌마트의 희곡 「물리학자들」(1962)에서 아인슈타인이 자신을 소개하는 말을 들어보자.

"나는 아인슈타인입니다. 알베르트 아인슈타인 교수. 1879년 3월 14일에 울름에서 태어났습니다. 1902년에 스위스 연방 베른 특허청의 기사가 되었습니다. 그곳에서 나는 특수 상대성 이론을 고안하여 물리학을 변화시켰습니다. 그 다음에 프로이센 과학아카데미의 회원이 되었습니다. 나중에는 망명자가 되었죠. 유대인이었기 때문입니다. 공식 $E=mc^2$은 내가 세운 것입

'과학적'인 침대 공장을 학생들이 견학하고 있다

니다. 물질을 에너지로 변화시키는 열쇠이지요. 나는 사람들을 좋아하고 바이올린을 좋아합니다. 그러나 나의 권고로 원자 폭탄이 만들어졌습니다."

1945년 8월 히로시마와 나가사키에 떨어진 원자폭탄은 과학기술에 대한 낙관적 믿음마저 뒤흔들어 놓았다. 과학기술은 프로메테우스가 인간에게 선물한 불처럼 인류를 크게 진보시킨 것이 사실이지만, 어쩌면 아직도 충분히 성숙하지 못한 우리 인간이 과학기술을 가지고 위험한 불장난을 하고 있는 것은 아닐까? 이러한 물음에 대해 서로 상반된 시각을 지닌 다음 두 소설을 읽어보자.

지문 1

우리 학술원의 목적은 사물의 숨겨진 원인과 작용을 탐구하는 데 있습니다. 그럼으로써 인간 활동의 영역을 넓히며 인간의 목적에 맞게 사물을 변화시키는 것입니다. (…) 우리는 천국의 물이라고 불리는 물을 만들어냈습니다. 이 물을 마시면 건강이 증진되고 생명이 연장됩니다. (…) 우리는 유성의 체계를 모방하고 그것의 운동을 보여 주는 거대한 건물도 만들었습니다. 여기에서 눈과 우박, 비를 인공적으로 내리게 할 수 있으며, 천둥이 일고 번개가 치도록 만들 수 있습니다. 또 개구리나 파리와 같은 다양한 생물체를 공기 중에서 번식시킬 수도 있습니다. (…) 한 번 먹고 나면 그 다음에 오랫동안 먹지 않아도 살 수 있는 고기나 빵, 음료수도 개발했습니다. (…) 무엇보다 우리에게는 태양과 천체를 모방한 발열 장치가 갖추어져 있습니다. 온갖 물체를 데울 뿐만 아니라 이 열은 앞으로 나아가기도 하고 되돌아오기도 합니다. 그래서 원하는 대로 다양한 효과를 거둘 수가 있지요. (…) 강한 태양열을 받아내는 시설도 있으며, 지하에는 인공적으로 열을 발생하도록 만들어놓은 시설도 있습니다.

(프랜시스 베이컨, 『새로운 아틀란티스』, 72-81쪽)

프랜시스 베이컨(Francis Bacon, 1561~1626): 영국 철학자로 근대 경험론의 선구자이며 17세기 근대 과학혁명에 중요한 기여를 하였다. 영국 케임브리지 대학과 그레이 법학원에서 법학을 수학했다. 자연과 인간에 관한 관점을 새르운 시각으로 확립하고 새로운 시대의 학문상을 구축하고자 했다. 인간의 지식이 생겨나는 과정에서 이성보다도 경험이 훨씬 더 중요한 역할을 한다는 경험론의 견지에서 과학의 진보와 긍정적 기능을 확신했으며 과학 방법론과 귀납법 등을 깊이 연구했다. 주요 저서로는 『학문의 진보』, 『고대인의 지혜』, 『학문의 존엄과 진보에 관하여』, 『신기관』, 『새로운 아틀란티스』 등이 있다.

세계는 이제 안정된 세계야. 인간들은 행복해. 그들은 원하는 것을 얻고 있단 말일세. 얻을 수 없는 것은 원하지도 않아. 그들은 잘 살고 있어. 생활이 안정되고 질병도 없어. 죽음을 두려워하지 않고 행복하게도 격정이니 노령이라는 것을 모르고 살지. 모친이나 부친 때문에 괴로워하지도 않아. 아내라든가 자식이라든가 연인과 같은 격렬한 감정의 대상도 없어. 그들은 조건반사 교육을 받아서 사실상 마땅히 행동해야만 되는 것을 하지 않을 수 없어. 뭔가가 잘못되면 소마(모든 슬픔과 고통이 사라지고 기쁨의 감정만 남게 만드는 알약)가 있지. 자네가 자유라는 이름으로 창밖으로 집어던진 것 말일세. (…) 작업은 경쾌하고 어린애도 할 수 있을 정도로 간단하거든. 정신과 근육에 하등의 긴장을 가져오지 않는 작업이야. 하루 일곱 시간 반의 쉽고 피로하지 않은 작업을 끝내면 소마가 배급되고 게임이 있고 무제한의 성희와 촉감영화를 즐길 수 있단 말일세. 그들에게 더 이상 바랄 것이 뭐가 있겠나? (…) 되풀이하지만 이것은 과학 덕택인 게야. 그러나 과학이 이룩한 성과를 과학 자체가 망치도록 방치할 수는 없는 거야. 과학연구가들의 연구범위를 조심스럽게 제한하는 이유도 바로 그것이야.

(올더스 헉슬리, 『멋진 신세계』, 279-289쪽)

올더스 헉슬리(Aldous Leonard Huxley, 1894~1963): 영국의 소설가·비평가·시인. 원래 의학을 공부하려고 옥스퍼드 의대에 진학했으나 눈이 나빠 도중에 영문학과로 전과해서 공부하였다. 문학, 예술, 종교뿐 아니라 과학까지 섭렵한 박식하고 폭넓은 지식과 안목을 기반으로 문학, 예술, 과학은 모두가 하나라는 통합적 일원론 사상을 가지고 있었다. 또한 과학기술의 지나친 발달로 현대 문명이 균형을 잃을 때 나타날 수 있는 모습에 대해 예언자적 견지에서 경고하였다. 주요 저서로는 『연애대위법』, 『멋진 신세계』, 『가자에서 눈이 멀어』, 『시간은 멈추어야 한다』, 『영원의 철학』, 『섬』 등이 있다.

◪ 과학기술은 인간을 행복하게 할 것이다

새로운 아틀란티스를 묘사한 그림

[지문 1]은 영국의 철학자 프랜시스 베이컨, 『새로운 아틀란티스』의 일부이다. 근대의 3대 유토피아 소설 중 토머스 모어의 『유토피아』와 토마소 캄파넬라의 『태양의 나라』는 사회개혁과 불평등 해소에 초점을 맞추어 사유재산이 없고 왕이나 정부도 없는 모든 사람이 주인인 이상사회를 꿈꾸었다면, 베이컨의 『새로운 아틀란티스』는 과학기술에 의해 이루어진 이상향을 서술하고 있다.

이 소설에서는 과학기술에 대한 확고한 믿음을 표현한다. 과학기술이 인간에게 행복을 가져다줄 것이라는 믿음은 지식이 지닌 힘에 대한 확신에서 나온 것이다. 베이컨은 바로 근대 초기에 이러한 믿음을 "아는 것이 힘이다."라는 유명한 말로 표현했다. 그는 과학기술을 통해 인간이 행복한 사회를 만들 수 있다고 믿었다. 자연을 알수록 우리는 자연을 유용하게 이용할 수 있고, 결국 자연에 대한 지식이 힘이 될 수 있기 때문이다. 그러므로 자연에 대한 지식은 단순히 자연을 아는 것에 머무르지 않고 자연에 대한 지배력을 의미한다.

『새로운 아틀란티스』, 이 작품은 새로운 과학기술의 발전에 의하여 인류의 번영과 복지가 이루어질 수 있다고 말한다. 그곳엔 온갖 물질을 썩지 않게 보존하는 깊은 동굴, 모든 종류의 동물과 새들을 위한 정원, 의학적 실험을 위한 방, 식료와 빵, 요리를 만드는 양조소, 제빵소, 한번 먹으면 오랫동안 단식이 가능한 음식과 음료수가 있었다. 또한 신체근육을 강하게 만드는 음식, 당시보다 뛰어난 성능의 렌즈, 인공 무지개를 만드는 기술, 음향연구소, 동력연구소, 수학연구소, 착각연구소 등이 있었다. 솔로몬 학단의 사람들은 새의 날개모양을 이용하여 하늘을 나는 방법을 고안했고, 물밑을 가는 배와 영구운동을 하는 물건도 발견했다.

◪ 과학기술은 인간을 불행하게 할 것이다

[지문 2]는 올더스 헉슬리의 1932년 작품 『멋진 신세계』의 일부이다. 조지 오웰의 『1984년』과 예프게니 자먀틴의 『우리들』과 더불어 현대의 3대 디스토피아 소설로 꼽히는 이 소설은 문명이 극도로 발달하여, 과학이 모든 것을 지배하게 된 세계를 그린 풍자소설이다. 이 소설은 언뜻 보기에 과학기술이 인류에게 행복을 가져다주는 것처럼 서술하고 있지만, 실은 정반대의 주장을 담고 있다. 베이컨의 소설과 달리 이 소설에서는 과학기술의 발전으로 인해 행복을 누리는 인간들에 대한 비판적이고 역설적인 뉘앙스가 담겨져 있다.

『멋진 신세계』에서 아이들은 인공수정을 거쳐 인공자궁에서 보육되고 부모도 모른다. 그리고 지능의 우열만으로 장래의 지위가 결정된다. 과학적 장치에 의하여 개인은 할당된 역할을 자동적으로 수행하도록 규정되고, 고민이나 불안은 정제로 된 신경안정제로 해소된다. 옛 문명을 보존하고 있는 나라에서 온 '야만인'은 이러한 문명국에서 살 수 없어 결국 자살하고 만다.

미국의 매체 이론가 닐 포스트먼은 『죽도록 즐기기』라는 책에서 『멋진 신세계』를 또 다른 디스토피아 소설인 조지 오웰의 『1984년』과 비교하면서 이렇게 말한다. "오웰은 우리가 외부의 압제에 지배당할 것을 경고했다. 하지만 헉슬리의 미래상에선, 인간에게서 자율성과 분별력, 그리고 역사를 박탈하기 위한 빅브라더는 필요 없다. 사람들은 스스로 압제를 환영하고, 자신들의 사고력을 무력화하는 테크놀로지를 떠받들 것이라고 내다봤다. 오웰은 누군가 서적을 금지시킬까 두려워했다. 헉슬리는 굳이 서적을 금지할 만한 이유가 없어질까 두려워했다. 오웰은 정보통제 상황을 두려워했다. 헉슬리는 지나친 정보 과잉으로 인해 우리가 수동적이고 이기적인 존재로 전락할까 봐 두려워했다. 오웰은 진실이 은폐될까봐 두려워했다. 헉슬리는 비현실적 상황에 진실이 압도당할 것을 두려워했다. (…) 『1984』에서는 사람들에게 고통을 가해 통제한다. 『멋진 신세계』에서는 즐길 거리를 쏟아 부어 사람들을 통제한다." (닐 포스트먼, 홍윤선 옮김, 『죽도록 즐기기』, 굿인포메이션, 2009, 9-10쪽)

◪ 과학기술 낙관론 vs. 비관론

베이컨의 입장을 과학기술에 대한 낙관론이라고 부른다면, 헉슬리의 입장은 과학기술에 대한 비관론이라고 부를 수 있다. 이제 이 상반된 입장을, 첫째 과학기술은 긍정적 영향을 끼치는가, 둘째 우리는 과학기술을 관리할 수 있는가, 셋째 과학주의는 합리

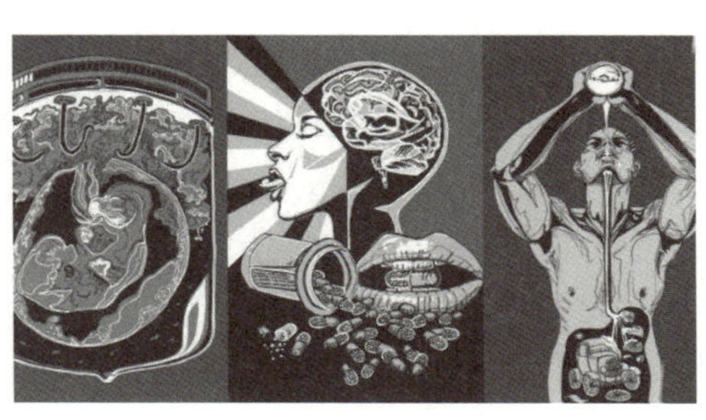

〈멋진 신세계〉의 삽화

적인가라는 세 가지 논점으로 나누어 살펴보자.

1 과학기술은 긍정적 영향을 끼치는가

과학기술에 대한 낙관적 입장에서는 과학기술이 높은 생활수준, 건강증진, 편리한 생활을 보장하고 이를 통해 인간에게 무한한 가능성을 제공해준다는 희망을 피력한다. 새로운 의약품과 의학 기술의 발명, 향상된 위생과 영양 상태는 인간의 평균수명을 크게 증대시켰고, 새로운 생산기술의 발전은 인간을 굶주림으로부터 해방시키고 있다. 따라서 과학기술은 질병과 기근으로부터 자유로운 삶이라는 인류의 오래된 꿈을 실현시키는 방향으로 나아가고 있다. 나아가 인간을 과중한 노동에서 해방시켜 자신의 시간과 힘을 여가와 창조적 활동에 투여할 수 있도록 만들었다. 이처럼 과학기술의 발전으로 인간은 점차 과거의 한계를 극복하고 보다 나은 삶으로 나아가고 있으며, 바로 이러한 과정이 인간에게 과학기술 능력에 대한 믿음과 희망을 굳건히 심어주고 있다.

이에 비해 과학기술에 대한 비관론은 과학기술이 인간의 생활수준을 높였다는 사실을 인정하더라도 그에 못지않은 부작용이 크게 나타나고 있음을 지적한다. 과학기술을 통해 환경 파괴, 인간 생활의 기계화 및 소외, 자유의 상실, 자연과 인간의 분리와 같은 문제들이 우리 사회에 대두되었다는 것이다. 이러한 비판적 입장은 애초에 산업혁명 이후 기계의 도입으로 고용이 감소되면서 생겨났으나, 제2차 세계대전이 가져온 파괴력, 특히 원자폭탄의 파괴력을 목격한 후에 본격적으로 생겨났다. 그 이후에도 생태계 파괴와 환경문제로 인해 비판이 더욱 심화되었다. 한 걸음 더 나아가 과학기술 비관론에서는 첨단 과학기술이 부유한 집단이나 국가만이 가질 수 있으므로 정치 및 경제 권력의 집중화가 야기되고, 자본집약적인 대규모

기술이 실업을 가중시켜 결국에는 인간 삶의 질을 하락시킨다고 주장하고 있다.

2 우리는 과학기술을 관리할 수 있는가

과학기술에 대한 낙관론에서는 과학기술로 인하여 여러 문제들이 발생할 수 있다는 사실을 인정하지만, 이러한 문제 역시 더 나은 새로운 과학기술을 발전시킴으로써 해결할 수 있을 것으로 본다. 또한 낙관주의자들은 과학기술이 일종의 도구에 불과하므로 우리가 과학기술을 올바르게 관리할 수 있다고 판단한다. 과학기술은 그 자체로 가치중립적이기 때문에 그것을 사용하는 사회에서 과학기술을 올바른 방식으로 선용한다면 과학기술이 인간의 행복에 충분히 기여할 수 있다는 믿음을 낙관론은 가지고 있다. 그러므로 중요한 것은 과학기술분야의 전문가, 정책결정권자, 대중이 모여 함께 과학기술의 올바른 활용 방식에 대해 숙의하는 일이며, 이를 통해 기술의 발전을 통제하는 일은 충분히 가능하다.

그러나 비관론에서는 과학기술이 본래 어떤 목적을 이루기 위한 도구에 불과했지만, 이제는 그 자체가 목적이 되었음을 지적한다. 과학기술은 그 자신의 내적 논리에 의해 발전하는 일종의 독자적 체계가 되었고 오늘날에 이르러서는 인간이 그 체계에 순응하기를 강요하게 되었다. 그러므로 현대인들에게 과학기술을 받아들일지 여부에 대한 선택의 자유는 이미 사라졌으며, 과학기술을 특정 방향으로 이끌어 나갈 수 있는 힘도 이미 사라졌다. 과학기술은 이제 통제 불가능한 거대한 힘이 되었고 이 힘은 사회에 일방적인 영향을 끼칠 수밖에 없다. 모든 것을 지배하고 결정하는 것은 인간이 아니라 과학기술 그 자체이며, 인간은 그러한 과학기술에 의해 만들어진 기계나 조직의 요구에 철저히 굴복당하고 적응하기를 강요당하고 있다.

3 과학주의는 합리적인가

과학주의scientism는, 인류의 무한한 진보가 과학기술의 발전과 그것의 경제적 응용을 통해 가능하다고 믿는 견해이다. 혹은 자연과학의 방법이 철학, 인문학, 사회과학을 포함하는 모든 연구 분야에 적용되어야 하며 그것이 지식추구에 유일하게 효과적인 방법이라고 믿는 견해이다.

과학기술에 대한 낙관론은 현대 과학기술 문명이 합리적 이성으로 무장하여 종교, 형이상학, 이데올로기가 지배하던 과거를 극복하고 인간을 해방시킬 뿐만 아니라 인간을 향상시킨다고 본다. 이제 과학기술의 도움으로 인간의 운명은 자신의 손에 맡겨졌으며, 이에 낙관론은 과학기술이 인간의 해방과 자유에 공헌할 수 있다고 확신한다.

이에 비해 비관론에서는 이러한 과학주의 자체가 비합리적인, 일종의 새로운 종교이자 형이상학, 이데올로기라고 비판한다. 과학주의는 마치 '세속적인 종교'에 불과하며, 과학기술이 우리를 지상천국으로 이끌 것이라고 믿는 과학자들의 신앙은 근거가 희박하다고 본다.

과학기술에 대한 낙관론과 비관론은 이렇게 크게 세 가지 논점에서 날카롭게 대립한다. 베이컨과 헉슬리로 각각 대표되는 두 입장 사이의 논쟁은 아직도 끝나지 않았다. 21세기 과학기술은 한편으로 발전의 한계가 없어 보이면서도 인류에게 장밋빛 미래를 약속하고 있는 것처럼 보이지만, 다른 한편으로는 기술로 인한 수많은 문제들을 발생시키고 있다. 따라서 과학기술의 혁명적 발전에 눈이 멀어 과학기술을 맹목적으로 추종할 것이 아니라, 과학기술의 발전이 가져다주는 장점과 단점을 어느 때보다도 비판적으로 성찰하는 자세가 요구된다.

● 현실 속으로

인공자궁이 던지는 질문

〈매트릭스〉의 소재가 된 인공자궁

『멋진 신세계』에서는 과학기술 발달에 힘입어 인간이 엄마의 자궁에서 10개월간 자라 태어나는 것이 아니라, 돼지복막으로 이루어진 인공자궁 속에서 인위적으로 부화되는 존재가 된다. 이 놀라운 상상력은 이제 실현을 목전에 두고 있다. 불임과 저출산 문제를 해결하기 위해 각국은 인공자궁 연구에 나섰다. 이미 일본의 한 연구팀은 인공자궁 내에서 양의 태아를 최고 21일간 생존시킨 기록을 갖고 있다. 일부에서는 2020년이나 2030년경이면 인공자궁을 사용할 수 있을 것으로 전망한다. 그렇다면 인공자궁은 저출산 현상을 극복할 수 있는 축복일까, 아니면 인간 존엄성을 말살할 흉기일까.

인공자궁 개발로 예상되는 긍정적 효과는 이상적인 남녀평등의 실현, 임신과 성생활의 완전한 분리, 질병이나 장애를 가지고 태어날 소지가 있는 아이에 대한 조기발견 및 치료, 불임 부부에게 가장 신뢰성 있는 효과 보장 등이 있다. 그러나 부정적 결과로서 생명경시 풍조 확산, 연애 및 결혼의 급감, 여성의 무성화(無性化), 유전자 정체성에 대한 혼란 및 양극화, 편부모 가정 증가, 범죄악용 등이 우려된다. 인공자궁을 사례로 들어 과학기술이 인간에게 행복을 가져다주는지에 대하여 논의해 보자.

또 다른 현실 논제

1. 원자폭탄과 같은 대량 살상 무기를 개발하는 물리학자와 자연과학자들은 그에 대한 윤리적 책임이 있는가?

2. 인간의 관리 없이도 자기 재량하에서 행동하는 로봇을 개발하려는 경쟁이 세계적으로 활발히 벌어지고 있다. 이러한 로봇을 발명하는 것은 인간에게 유익할 것인가?

더 생각해볼 문제

1. 생명에 대한 과학기술의 개입은 인류 복지를 위해 허용되어야 하는가?

2. 과학기술과 권력의 결합은 (어떻게) 견제할 수 있는가?

3. 우주의 기원에 대한 연구는 인간을 행복하게 하는가?

10장 대중문화는 긍정적인가, 부정적인가

영화, 드라마, 음악, 게임, 웹툰, TV 오락프로그램 등 대중문화는 마치 우리가 의식하지 않으면서 들이마시는 공기처럼 우리 주위를 가득 채우고 있다. 이처럼 우리는 대중문화 속에서 숨 쉬며 살아가고 있지만, 폭력 범죄를 저지른 청소년이 알고 보니 게임광이었다는 보도를 접하고서야, 혹은 한류 콘텐츠를 통한 수익이 어마어마하다는 소식을 듣고서야 비로소 대중문화에 대한 반성적 거리를 두게 된다.

그런데 성찰의 결과로 대중문화를 바라보는 시선은 모순적이다. 한편에서 대중문화는 저급하기 때문에 대중을 타락시킨다거나, 대중문화는 문화산업에 의해 일방적으로 만들어지기 때문에 대중을 수동적 존재로 전락시키며, 그 중독성은 대중의 건전한 비판의식을 마비시킨다고 비판한다. 그러나 다른 한편에서는 대중문화가 폭넓은 문화적 향유를 가능하게 한다거나, 자발적 참여를 가능하게 함으로써 대중의 창조적 활동과 비판적 사고를 보장한다고 주장한다. 대중문화에 대한 부정적 시각과 긍정적 시각을 각각 담고 있는 아래 두 지문을 읽어보자.

지문 1

독점하에서 대중문화는 모두 획일적인 모습을 하고 있는데, 독점에 의해 만들어지는 대중문화의 골격과 윤곽은 서서히 드러나기 시작한다. 대중문화의 조종자들은 독점을 숨기려 하지도 않는다. 독점의 힘이 강화될수록 그 힘의 행사도 점점 노골화된다. 영화나 라디오는 더 이상 예술인 척할 필요가 없다. 대중매체가 단순히 '장사' 이외에는 아무것도 아니라는 사실은 아예 한술 더 떠 그들이 고의로 만들어낸 허접쓰레기들을 정당화하는 이데올로기로 사용된다. (…) 세상에 나타나고 있는 모든 것에는 예외 없이 문화산업의 인장이 찍혀지기 때문에, 문화산업의 흔적을 갖고 있지 않은 것이나 확인 도장이 찍히지 않은 것은 어떤 것도 세상에 등장할 수가 없다. (…) 오늘날 문화 소비자들의 자발성이나 상상력이 위축된 이유를 그 어떤 심리적 메커니즘에서 찾을 필요는 없다. 제작물 자체가 자신의 객관적 속성에 따라 그러한 능력을 불구로 만들어버린 것이다. 문화상품의 속성은, 제작물을 제대로 파악하기 위해서 민첩성과 관찰력과 상당한 사전 지식을 요구하지만, 관객으로 하여금 적극적으로 사유하는 것을 불가능하도록 만든다는 데 있다. (…)

'유흥'과 같은 문화산업의 모든 요소들은 문화산업이 존재하기 훨씬 이전부터 존재하고 있었다. 달라진 것은 이제 그러한 요소들이 위로부터 조종되며 즉석요리처럼 바로바로 제공된다는 것이다. (…) 문화산업은 총체적이 되어갈수록 더욱더 무자비하게 모든 국외자를 파산시키든지 아니면 담합 조직 속으로 끌어들이며 그에 따라 더욱더 세련되고 고상하게 된다. (…) 문화산업은 소비자의 모든 욕구가 실현될 수 있는 것처럼 제시하지만, 그 욕구들은 문화산업에 의해 사전 결정된 것이다. 소비자는 자신을 영원한 소비자로서, 즉 문화산업의 객체로서 느끼게 되는 것이 체계의 원리다. (…)

문화산업의 위치가 확고해지면 확고해질수록 문화산업은 소비자의 욕구를 더욱더 능란하게 다룰 수 있게 된다. 문화산업은 소비자의 욕구를 만들어내고 조종하고 교육시키며 심지어는 재미를 몰수할 수도 있다. (…) 즐긴다는 것이 의미하는 것은 항상 무엇인가에 대해 더 이상 생각하지 않는 것, 고통을 목격할 때조차 고통을 잊어버리는 것이다. 즐김의 근저에 있는 것은 무력감이다. 즐김은 사실 도피다. 그러나 그 도피는 일반적으로 얘기되듯 잘못된 현실로부터의 도피가 아니라 마지막 남아 있는 저항 의식으로부터 도피하는 것이다.

(테오도르 아도르노, 『문화산업: 대중 기만으로서의 계몽』의 일부 내용을 풀어씀)

테오도르 아도르노(Theodor Adorno, 1903~1969): 독일의 유대계 철학자·비평가. 프랑크푸르트 대학에서 철학, 사회학, 심리학, 음악 분야를 공부하고 철학 박사를 취득했다. 비판이론으로 알려진 프랑크푸르트학파의 일원으로서 현대 자본주의 사회의 인간 소외와 사물화 등에 대해 날카롭게 비판하였다. 독일에서 나치 집권 이후 미국으로 망명하였고 제2차 세계대전이 끝난 후 귀국하였다. 주요 저서로는 『인식론의 메타비판』, 『신음악의 철학』, 『영화를 위한 작곡』, 『최소한의 도덕』, 『권위주의적 성격』, 『계몽의 변증법』(호르크하이머와 공저), 『부정 변증법』, 『미학 이론』 등이 있다.

지문 2

1900년 전후에 기술 복제는 그것이 전승된 예술작품 전체를 대상으로 만들고 예술작품의 영향력에 심대한 변화를 끼치기 시작했을 뿐만 아니라, 예술의 작업방식에서 독자적인 자리를 점유하게 될 정도의 수준에 도달했다. (…)

복제기술은 복제된 것을 전통의 영역에서 떼어낸다. 복제기술은 복제를 대량화함으로써 복제 대상이 일회적으로 나타나는 대신 대량으로 나타나게 한다. 또한 복제기술은 수용자로 하여금 그때그때의 개별적 상황 속에서 복제품을 쉽게 접하게 함으로써 그 복제품을 현재화한다. 이 두 과정, 즉 복제품의 대량생산과 복제품의 현재화는 전통을 엄청나게 뒤흔드는 결과를 가져온다. 이러한 전통의 동요는 현재의 인류가 처해 있는 위기와 변혁의 이면(裏面)이기도 하다. 그 두 과정은 오늘날 대중운동들과 밀접한 연관 속에 있다.

그 두 과정의 강력한 매개체는 영화이다. 영화의 사회적 의미는 바로 그 긍정적 형태에서조차도 — 아니 특히 그 긍정적 형태에서 — 그것의 파괴적인, 카타르시스적 측면 없이는 생각할 수 없는데, 곧 문화유산이 지니는 전통가치들의 청산이 바로 그것이다. 이러한 현상은 위대한 역사영화에서 가장 극명하게 나타난다. 이러한 현상은 점점 더 넓은 영역을 포괄하게 된다. (…)

예술작품의 기술적 복제 가능성은 세계 역사상 처음으로 예술작품으로 하여금 지금까지 종교적 의식 속에서 살아온 기생적 삶의 방식에서 벗어나도록 하였다. (…) 예를 들어 사진의 원판으로는 다량의 인화가 가능하다. 어느 것이 진짜 인화냐고 묻는 것은 아무런 의미가 없다. 예술 생산에서 진품성을 판가름하는 척도가 그 효력을 잃게 되는 바로 그 순간, 예술의 모든 사회적 기능 또한 변혁을 겪게 된다. 예술은 제의에 바탕을 두었었는데, 이제 예술은 다른 실천, 즉 정치에 바탕을 두게 된다. (…)

대중은 예술작품을 대하는 일체의 전통적 태도가 새로운 모습을 하고 다시 태어나는 모태이다. 양은 질로 바뀌었다. 예술에 참여하는 대중의 수적 증가는 참여하는 방식의 변화를 초래하였다. (…)

정신분산과 정신집중은 서로 상반된 개념이다. 예술작품 앞에서 마음을 가다듬고 집중하는 사람은 그 작품 속으로 빠져 들어간다. 이에 반해 정신이 산만한 대중은 예술작품이 자신들 속으로 빠져 들어오게 한다. (…)

예술의 전 영역에서 점점 더 두드러지게 나타나고 있고 또 지각구조의 변화를 가리키는 징후라고 할 수 있는, 정신분산 속의 수용은 영화에서 그 고유한 연습수단을 갖고 있다. 영화는 그것의 충격효과라는 측면에서 이러한 수용방식에 잘 부응하고 있다. 영화는 관중으로 하여금 비단 감식자의 태도를 갖게 함으로써만이 아니라, 그와 아울러 이러한 영화관에서의 관중의 감식자적 태도가 주의력을 포함하지 않음으로 인해서 제의가치를 뒷전으로 밀어내고 있다.

(발터 벤야민, 『기술복제시대의 예술작품』 중 일부 내용을 풀어씀)

발터 벤야민(Walter Benjamin, 1892~1940): 독일의 유대계 철학자·비평가·에세이스트. 베를린, 프라이부르크, 뮌헨 대학 등에서 철학을 공부하고 베른 대학에서 박사학위를 취득했다. 유대신학, 유물론, 신비주의, 계몽주의 사이에서 긴장을 유지하면서 아방가르드적 실험 정신에 바탕을 두고 근대성, 매체미학, 언어철학, 역사철학에 대한 사유를 전개했다. 아도르노와 깊은 지적 교분을 나누었으며, 나치에게 쫓겨 망명 도중 자살하였다. 주요 저서로 『독일 비극의 기원』, 『괴테의 친화력』, 『일방통행로』, 『기술복제시대의 예술작품』, 『계몽』, 『역사철학 테제』, 『역사의 개념에 대하여』, 『파사주』 등이 있다.

◪ 대중문화는 부정적이다

테오도르 아도르노가 쓴 [지문 1]은 대중문화에 대해 어두운 전망을 제시하고 있다. 근대화 이전 문화는 소수의 귀족이나 부르주아들만 누릴 수 있었으나, 20세기에 들어서 대중들도 문화를 향유하는 주체가 될 수 있었다. 그러나 대중들은 과연 진정 문화를 주체적이고 능동적으로 향유하는 '주체'일 수 있을까? 아도르노는 대중문화에 대한 장밋빛 희망을 모두 무너뜨린다.

아도르노에 따르면, 자본주의 사회에서 대중문화는 곧 문화산업에 다름 아니다. 다시 말해 자본주의 사회에서 인간의 (거의) 모든 문화는 이윤을 추구하기 위한 비즈니스가 되었다는 것이 아도르노의 진단인 것이다. 문화를 '창조'하는 목적은 그 문화가 부가가치를 생산하기 때문이다. 문화산업은 이를 숨기지 않고 오히려 당당하고 노골적으로 드러낸다.

그렇다면 문화산업이 문화를 통해 이윤을 창출하는 것이 무엇이 잘못이라는 말인가? 대중문화를 통해 문화산업은 돈을 벌고 대중은 즐거움을 누릴 수 있다면, 모두에게 득이 되는 것이 아닐까?

아도르노는 바로 그 즐거움에 독이 묻어 있음을 지적한다. 대중문화의 즐거움은 우리에게 어떤 생각을 요구하는 즐거움이 아니다. 대중문화는 감각적이고 발랄하지만 우리를 사유로부터 멀어지게 한다. 그리하여 예술을 포함하여 모든 문화는 이제 컨베이어벨트에서 대량생산되는 상품이 되었다. 우리는 맥주를 마시듯이, 문화를 소비한다.

자본주의하에서 노동하는 대부분의 대중은 힘든 노동에서 벗어나는 짧은 여가를 대부분 대중매체가 제공하는 대중문화를 소비하며 보낸다. 그 여가는 바로 다시 노동하기 위하여 스스로의 에너지를 '재생산'하는 시간이다. 이러한 대중은 그 짧은 여가 동안에 체계적이고 깊이 있는 사유를 할 여건이

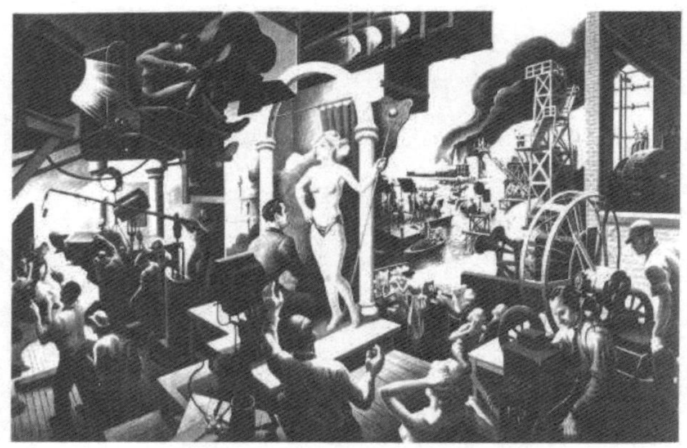

아도르노가 비판하는 문화산업을 풍자한 그림

되지 못한다. 사유에는 늘 시간이 필요하기 때문이다. 그래서 대중은 다만 힘겨운 노동을 잠시나마 잊어버리고 그저 감각을 즐겁게 하는 대중문화에서 조금의 위안을 얻을 뿐이다. 대중은 현실에서 얻을 수 없는 것들을 대중문화가 제공하는 환상 속에서 잠시 누리는 것으로 만족한다.

대중이 문화를 향유하게 된 이후로 대중이 문화를 창조할 수 있을 것이라는 기대가 컸지만, 이처럼 대중은 문화의 수동적 소비자로 전락했다. 대중은 문화의 '주체'가 아니라 철저한 '객체'가 된 것이다.

그리하여 이제 대중은 점점 생각하는 힘을 잃어버리고 문화산업이 제공하는 유흥에 즉각 반응하는 1차원적 존재가 된다. 이처럼 문화산업에 길들여지고 중독되는 대중들은 현실의 모순들로부터 눈을 돌린다. 무력감에 빠진 대중에게서 현실을 바꿀 수 있으며 바꿔야 한다는 희망과 저항의지는 모두 사라진다.

◩ 대중문화는 긍정적이다

[지문 2]를 쓴 발터 벤야민은 대중문화가 지닌 긍정적 요소에 주목한다. 아도르노처럼 벤야민도 20세기에 들어 문화가 거대한 전환점을 맞이했다고 생각했다. 그것은 특히 과학기술의 발달로 인해 예술작품이 대량으로 복제될 수 있게 된 데 기인한다.

전통적으로 예술작품은 언제나 단 하나씩만 존재했다. 예술작품의 그러한 '일회성'은 예술작품에 이른바 '아우라(Aura, 독특한 분위기)'를 제공한다. 레오나르도 다빈치가 그린 <최후의 만찬> 앞에 선 감상자는 그 작품이 내뿜는 신비로운 아우라에 압도되고 그 작품의 예술적 가치를 숭배하게 된다. 그러나 사진의 등장으로 말미암아, 우리는 밀라노를 한 번도 방문한

레오나르도 다빈치의 〈최후의 만찬〉. 구글에서 “The Last Supper Leonardo Davinci”로 검색하면 약 94만 9천 개의 이미지가 즉시 호출된다.

적이 없더라도 그 그림에 대해 잘 알 수 있게 되었다. 도서관에서건, 텔레비전에서건, 거리의 광고판에서건 수시로 만나는 <최후의 만찬>은 그때그때 ‘현재화’되어 나타난다. 이처럼 예술작품의 대량 복제는 예술작품의 아우라를 앗아가서 제의적 기능을 박탈한 대신, 예술작품에 새로운 긍정적 기능을 부여한다. 벤야민에 따르면, 그것이 바로 예술의 정치적 기능이다.

벤야민은 예술에 참여하는 대중의 수적 증가가 참여하는 방식의 변화를 초래한다고 했는데, 이는 대중문화가 바로 정신을 분산시키는 ‘오락’의 형태를 띤다는 데에 있다. 대중문화가 오락이라는 특성을 지닌다는 사실에 대해 벤야민은 아도르노와는 달리 매우 긍정적인 시각으로 예술을 바라본다.

고도의 정신집중을 요구하는 예술이라는 사고방식 자체가 벤야민이 보기에는 낡은 예술지상주의에 불과했다. 역사적으로 보아, 예술은 본래 종교적 제의에 봉사하기 위해 탄생했다. 근대 이후 예술은 종교로부터 해방되었으나 여전히 아우라를 지닌 작품의 아름다움에 대한 숭배라는 예술지상주의 이데올로기에서 벗어나지 못했다. 이제 기술복제 시대에 이르러 예술은 비로소 이러한 제의와 숭배로부터 벗어나 ‘정치’의 영역으로 들어설 수 있게 되었다. 이로써 벤야민은 영화가 대중에게 충격을 주고 각성시킴으로써 대중을 사회 현실에 관심을 지니는 주체로 만들어낼 것이라고 기대했다.

벤야민이 이 책에서 소개하는 뒤아멜의 영화에 대한 비판을 살펴보자. 뒤아멜은 영화를 "노예의 소일거리, 무식하고 비참하고 일과 걱정 속에서 지칠 대로 지친 인간들의 오락, 어떠한 정신 집중도 요하지 않고 어떠한 사고 능력도 전제하지 않는 구경거리"라면서 "이제 나는 더 이상 내가 생각하는 바를 생각할 수 없게 되었다. 움직이는 영상들이 내 사고의 자리에 대신 들어앉게 되었다."고 비난했는데, 이는 실로 아도르노의 문화산업에 대한 비판과 궤를 같이한다고 볼 수 있다. 그러나 벤야민은 영화가 필연적으로 정신 집중을 요하지 않는다는 바로 그 사실로부터 영화예술이 지닌 긍정적 기능을 찾아낸다. 대반전이 아닐 수 없다.

그렇다면 정신을 집중하지 않고 즐기는 오락으로서의 영화는 어떻게 정치적인 기능을 할 수 있을까? 영화에서는 몽타주 기법을 통해서 서로 독립적이고 상이한 이미지들이 충돌하도록 만들어 관객에게 충격을 자아낸다. 비약적인 이미지들이 서로 연결되면서 충돌할 때, 관객들은 놀라움을 느끼며 이러한 연결된 이미지들이 만들어낸 새로운 의미를 스스로 파악하고자 노력하게 된다. 이를 통해 관객은 또한 사회와 삶에 대한 새로운 인식에 도달하는데, 이것이 곧 기술복제 시대에 예술이 지니는 새로운 정치적 기능이다.

러시아 영화감독 세르게이 에이젠슈테인의 영화 〈전함 포템킨〉(1925)에서 몽타주 기법을 통한 이미지의 충돌 효과를 모범적으로 보여준 장면. 세 개의 사자상을 통해 민중의 봉기를 보여주는 이 장면은 벤야민이 강조하는 것과 같이 기술복제 시대 예술이 대중을 정치적으로 각성시키는 기능을 지님을 잘 보여준다.

대중문화 부정론 vs. 긍정론

아도르노와 벤야민의 서로 다른 의견처럼 대중문화에는 부정론과 긍정론이 대립한다. 이제부터는 부정론과 긍정론의 대립을 대중문화의 주체, 대중문화의 특성, 대중문화의 영향이라는 세 가지 논점에서 살펴보자.

첫째, 대중문화의 주체와 관련하여 부정론은 대중으로 하여금 문화를 수동적으로 소비하는 객체로 전락시킨다고 비판한다. 독점 자본주의 사회에서 대중문화를 창조하는 주체는 문화산업이다. 이 문화산업은 이윤의 극대화를 위해 대중에게 영합하여 동질적이고 규격화된 제품을 만들어낸다. 대중이 스스로 주체가 되어 창조하는 소수의 문화가 존재할 수 있음을 부정하지는 않지만, 부정론에서는 그러므로 소수의 대안적 문화조차 결국 거대한 문화산업에 포섭될 수밖에 없는 운명이라고 주장한다.

이에 비해 긍정론은 역사적으로 대중문화가 등장하게 된 맥락을 적극적으로 평가하면서, 대중이 문화를 창조하고 향유하는 주체일 수 있다고 전망한다. 대중문화가 현대산업사회 등장과 더불어 생활수준과 교육수준 향상, 여가시간 증가, 대중의 문화적 욕구 증가 등에 따라 나타난 문화이기 때문이다. 특히 대중매체의 발달로 이전에는 상상조차 할 수 없을 만큼 풍요로운 문화를 대중이 누릴 수 있게 되었으므로, 대중문화는 곧 민주주의와도 일맥상통한다. 대중문화의 등장 이전에는 귀족이나 부르주아만이 문화를 창조하고 향유할 수 있었으나, 오늘날에는 대중 스스로 자신의 문화적 취향을 결정하고 대중문화를 창조하며 즐길 수 있게 되었다.

둘째, 대중문화의 특성에 있어서 부정론은 대중문화가 고급문화를 고사시키고 문화의 전체적 질을 하락시킨다고 비판한다. 대중의 취향에 영합하는 대중문화는 필연적으로 고급문화에 비해 저급할 수밖에 없으며 점차 폭력적이고 선정적인 방향으로 나아간다는 것이다. 대중은 이를 통해 말초적 쾌락만을 추구하게 되고, 따라서 개인과 사회 문화적 취향을 저속하게 만들 것이라고 내다본다.

이에 비해 긍정론은 대중문화가 고급문화보다 열등하다는 주장을 인정하지 않고 대중문화가 지닌 고유한 의미를 높이 평가한다. 고급문화를 누리는 사람들과 비교할 때 대중은 경제력이나 교육수준이 낮을 수 있지만, 그렇다고 해도 엄연히 대중문화는 대중 스스로 선택한 하나의 문화적 취향이다. 문화적 다원주의 관점에서 볼 때, 대중문화와 고급둔화는 각각 미학적 논리와 예술적 가치를 지니고 있는 것이지, 이들 사이의 우열을 가리려는 논의는 대중에 대한 사회적 편견을 확대 재생산하는 부당한 논의를 만들 뿐이다.

셋째, 대중문화의 영향 면에서 부정론은 대중문화가 대중의 합리적 비판의식을 마비시킨다고 주장한다. 대중문화는 문화산업에 의해 만들어지는데 이 문화산업을 지배하는 것이 바로 사회의 지배계급이기 때문이다. 현대사회에서 지배계급은 폭력을 통해 대중을 직접적으로 지배하기보다 대중매체를 매개로 지배한다. 전파되는 대중문화를 통해 지배계급의 이데올로기를 선전하고 주입시켜 대중의 의식을 조종하여 통제한다. 그런데 대중이 이러한 대중문화에 탐닉하게 되면, 현실을 왜곡된 방식으로 받아들이거나 현실로부터 도피하게 되고, 결국 사회적 현실에 대한 비판적 태도를 완전히 잃어버리게 된다.

이에 비해 긍정론은 대중문화가 사회적 실천을 위한 비판적 의식을 각성시킬 진보적 잠재력을 지녔음에 주목한다. 긍정론은 부정론이 대중문화를 지나치게 단순화하여 바라보고 있다고 비판하면서, 대중문화는 매우 역동적이고 다양한 형태로 전개되어 왔음을 설명한다. 대중은 문화산업이 만드는 문화적 상품들을 수동적으로 소비하기만 하는 것이 아니라, 때로는 이에 대해 저항하면서 새로운 의미를 지닌 문화를 스스로 만들어내기도 한다는 것이다. 역사적으로 볼 때, 특히 노동계급의 문화와 청년문화와 같은 이른바 하위문화들은 자신만의 문화적 정체성과 문화적 양식을 끊임없이 창조해 내면서 문화산업의 일방적 지배에 저항해왔다.

이처럼 대중문화에 대한 부정론과 긍정론은 몇 가지 논점에서 상충되고 있다. 그러나 중요한 것은 대중문화를 영구적이고 단일한 실체로 보기보다 끊임없이 변화하고 수많은 이질적인 요소들로 이루어진, 하나의 장場으로 이해하는 일이다. 대중문화에 대한 이론적이고 추상적인 논의를 넘어서 우리 주변에 대중문화가 구체적으로 나타나는 모습을 주의 깊게 관찰하고, 그것이 지닌 부정적인 요소와 긍정적인 요소를 분별하려는 자세도 필요할 것이다. 이러한 점을 고려하면서 다음 논제에 관해서도 토론해 보자.

인디음악은 진정 독립적인가

인디음악은 거대 자본으로부터 벗어난 독립적 음악을 말한다. 한국의 경우 1996년 크라잉넛, 옐로 키친, 갈매기, 레지스터, 벤치 등 5개 밴드가 홍익대 인근 노상 주차장에서 공연했던 '스트리트 펑크 쇼'를 그 시초로 꼽을 수 있다. 2000년대에 들어와서 인디음악은 고가의 장비가 없이 개인 작업실에서 녹음하고 편곡할 수 있는 홈레코딩 제작시스템이 본격화되면서 크게 성장했다.

현재에도 인디음악은 거대 문화산업에 종속되기를 거부하고 창의적이고 실험적이며 개성 있는 음악 활동을 펼치고 있다. 주류 대중문화에 부정적인 사람들 중 일부는 이러한 인디음악이 주류 대중문화의 한계를 극복할 수 있는 대안적 문화가 되리라는 기대를 걸기도 한다.

그런데 최근 인디음악의 인기가 높아지고 양적으로도 성장이 이뤄지면서 인디음악이 가졌던 본연의 모습을 잃어가고 있다는 우려도 생겨났다. 주류 음악의 지나친 획일화와 상업화에 대항하던 인디음악이 거꾸로 대중의 인기를 얻기 위해 자신의 독립성을 어느 정도 희생하면서 주류 음악을 닮아가고 있다는 것이다.

예를 들어, 주류 대중문화에서 입지를 굳힌 인디밴드 '장기하와 얼굴들'의 성공 이후 인디음악 붐이 일면서 다소 역설적이게도 '인디음악 기획사'가 늘어났고 대중문화 주류 기획사들이 인디 뮤지션들과 계약을 체결하는 경우도 많아졌다. 그 결과 인디음악과 주류 대중음악의 경계가 모호해지고 인디음악이 지닌 대안문화로서의 진보적 잠재력은 고갈되고 있다는 지적이다.

과연 인디음악은 문화산업의 영향력에서 벗어나 독립적이고 저항적이며 진보적인 역할을 계속할 수 있을 것인가? 아니면 대중문화를 모두 집어삼키는 문화산업의 강력한 힘에 인디음악 역시 포섭되고 말 것인가? 이에 대해 함께 논의해 보도록 하자.

또 다른 현실 논제

1. SNS는 집단지성을 구현하는 진보적 매체인가, 대중의 비판적 지성을 마비시키는 또 다른 대중매체에 불과한 것인가?

2. 클래식 음악과 가요는 질적 우열이 있는가, 동등한 가치를 지니는가?

더 생각해볼 문제

1. 대중문화 소비자는 능동적 존재인가, 수동적 존재인가?

2. 거대 문화산업은 대중문화를 풍요롭게 하는가, 획일화하는가?

참고문헌

김광수, 「비판적 사고론」, 『철학연구』, Vol. 58, 2002.

______, 『논리와 비판적 사고』, 철학과 현실사, 2007.

김영정, 「비판적 사고의 9요소와 9기준」, 『대한토목학회지』, Vol. 53, No. 11, 2005.

______, 「창의성과 비판적 사고」, 『인지과학』, Vol. 13, No. 4, 2002.

박은진 · 김희정, 『비판적 사고』, 아카넷, 2008.

장대익, 『다윈 & 페일리(진화론도 진화한다)』, 김영사, 2006.

최훈, 「비판적 사고의 성향: 그 의미와 수업방향」, 『철학탐구』, Vol. 24, 2008.

노직, 로버트, 남경희 옮김, 『아나키에서 유토피아로』, 문학과 지성사, 1997.

데카르트, 르네, 최명관 옮김, 『방법서설 · 성찰』, 창, 2011.

뒤렌마트, 프리드리히, 김혜숙 옮김, 『뒤렌마트 희곡선』, 민음사, 2011.

러셀, 버트런드, 박영태 옮김, 『철학의 문제들』, 이학사, 2000.

레이첼즈, 제임스, 노혜련 외 옮김, 『도덕철학의 기초』, 나눔의 집, 2006.

로크, 존, 강정인 · 문지영 옮김, 『통치론』, 까치, 2007.

롤즈, 존, 황경식 옮김, 『정의론』, 이학사, 2003.

매킨타이어, 알래스데어, 이진우 옮김, 『덕의 상실』, 문예출판사, 1997.

맹자, 박경환 옮김, 『맹자』, 홍익출판사, 2005.

버튼, 로버트, 김미선 옮김, 『뇌, 생각의 한계』, 북스토리, 2007.

베이컨, 프랜시스, 김종갑 옮김, 『새로운 아틀란티스』, 에코리브르, 2002.

벤담, 제러미, 강준호 옮김, 『도덕과 입법의 원칙에 대한 서론』, 아카넷, 2013.

벤야민, 발터, 최성만 옮김, 『기술복제시대의 예술작품. 사진의 작은 역사 외』, 길, 2007.
보아즈, 데이비드, 강위석 외 옮김, 『자유주의로의 초대』, 북코리아, 2009.
샌델, 마이클, 안기순 옮김, 『돈으로 살 수 없는 것들』, 아이즈베리, 2012.
순자, 김학주 옮김, 『순자』, 을유문화사, 2008.
아도르노 · 호르크하이머, 김유동 옮김, 『계몽의 변증법』, 문학과지성사, 2001.
애링턴, 로버트, 김성호 옮김, 『서양 윤리학사』, 서광사, 2003.
장자, 안동림 옮김, 『장자』, 현암사, 2001.
칸트, 임마누엘, 백종현 옮김, 『윤리형이상학 정초』, 아카넷, 2005.
쿤, 토마스, 김명자 옮김, 『과학혁명의 구조』, 동아출판사, 1994.
포스트먼, 닐, 홍윤선 옮김, 『죽도록 즐기기』, 굿인포메이션, 2009.
포퍼, 칼, 허형은 옮김, 『삶은 문제해결의 연속이다』, 부글북스, 2006.
헉슬리, 올더스, 이덕형 옮김, 『멋진 신세계』, 문예출판사, 1998.
헤겔, 프리드리히, 임석진 옮김, 『법철학』, 한길사, 2008.
헤로도토스, 천병희 옮김, 『역사』, 숲, 2009.